COUR DES PAIRS.

ATTENTAT DES 12 ET 13 MAI 1839.

RÉQUISITOIRES

ET RÉPLIQUES

DE M. FRANCK CARRÉ,

PROCUREUR GÉNÉRAL,

DANS LES DÉBATS OUVERTS LE 27 JUIN 1839,

AVEC L'EXPOSÉ DES CHARGES INDIVIDUELLES,

PAR MM. BOUCLY ET NOUGUIER,

AVOCATS GÉNÉRAUX.

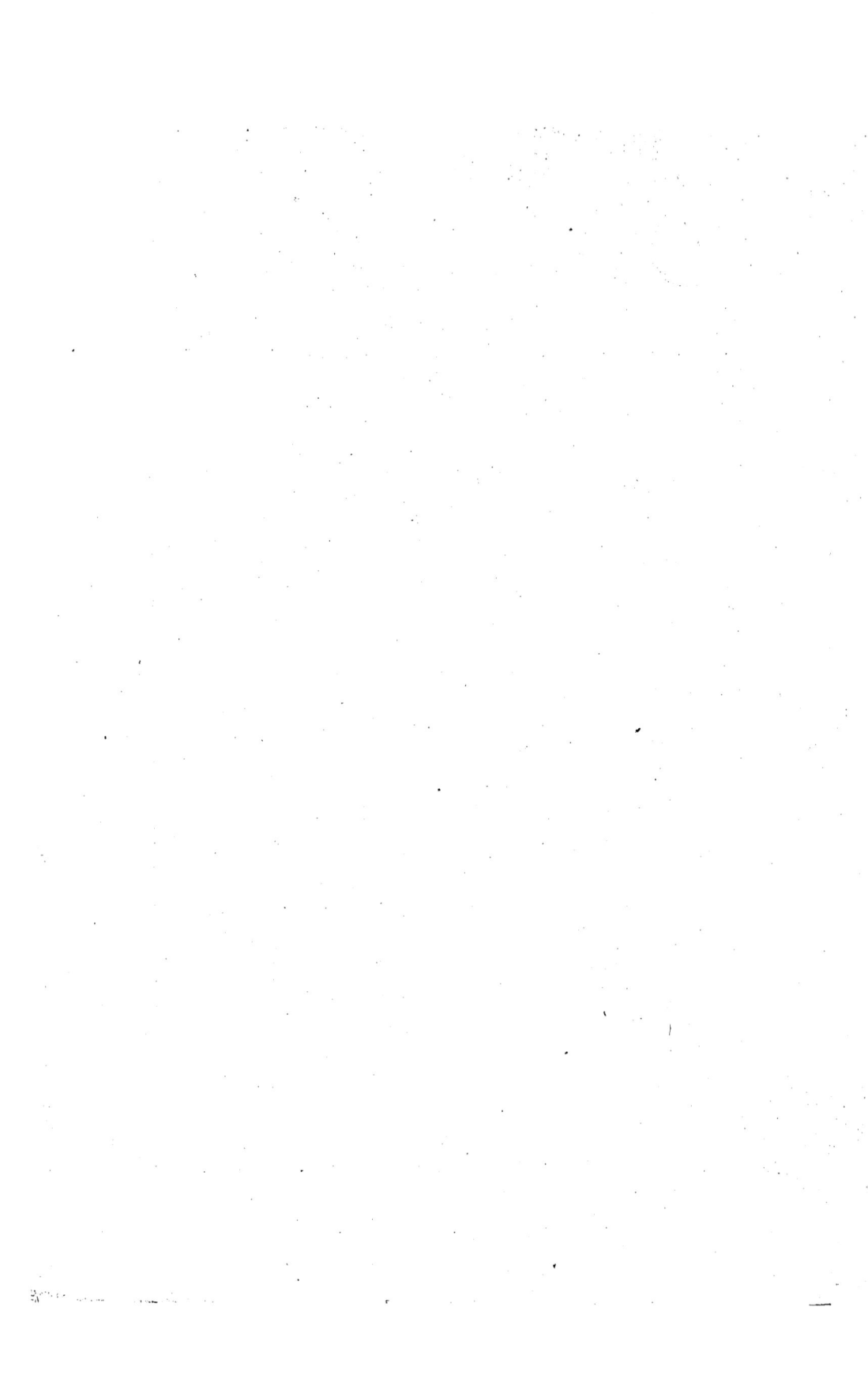

COUR DES PAIRS.

ATTENTAT DES 12 ET 13 MAI 1839.

RÉQUISITOIRES

ET RÉPLIQUES

DE M. FRANCK CARRÉ,

PROCUREUR GÉNÉRAL,

DANS LES DÉBATS OUVERTS LE 27 JUIN 1839,

AVEC L'EXPOSÉ DES CHARGES INDIVIDUELLES,

PAR MM. BOUCLY ET NOUGUIER,

AVOCATS GÉNÉRAUX.

PARIS.

IMPRIMERIE ROYALE.

—

1839.

COUR DES PAIRS.

ATTENTAT DES 12 ET 13 MAI 1839.

DISCOURS

PRONONCÉ

PAR M. FRANCK CARRÉ,

PROCUREUR GÉNÉRAL DU ROI,

A L'AUDIENCE DU JEUDI 27 JUIN 1839,

RELATIVEMENT

AUX CONCLUSIONS PRÉJUDICIELLES

PRISES AU NOM

DES ACCUSÉS BARBÈS, DELSADE ET AUTRES (1).

MESSIEURS LES PAIRS,

En soulevant aujourd'hui un incident déjà jugé par votre arrêt d'accusation, la défense n'en a point espéré le succès. Non, ce n'est point pour obtenir la

---

(1) Ces conclusions étaient ainsi conçues :

« Attendu, en droit, qu'il est de principe que tout délit un et indivisible nécessite « l'indivisibilité de l'instruction et du jugement, c'est-à-dire l'indivisibilité de la procé-

jonction qu'on se plaint de la division que vous avez faite; on sait bien que cela est impossible en droit comme en fait, et ce n'est pas une impossibilité qu'on poursuit à l'aide de cette consultation qui vient de vous être distribuée. Quel est donc le motif qui peut déterminer une défense assurément fort éclairée à présenter avec des développements si étendus, comme une irrégularité de procédure, ce qui n'est que l'exécution littérale de la loi, ce qui est en même temps conforme à son esprit, ce que consacre enfin une jurisprudence constante?

Messieurs, c'est qu'on s'est flatté qu'en abusant étrangement d'un mot devenu fameux, le mot de disjonction, on affaiblirait à l'avance l'autorité de vos arrêts, et qu'en les présentant comme viciés par une violation des règles de la procédure, on parviendrait peut-être à balancer dans l'opinion publique, par le regret de la lé-

---

« dure à l'égard de tous les individus prévenus, dans le même temps, d'être auteurs, « fauteurs ou complices dudit délit indivisible;

« Attendu, en fait, qu'il résulte des motifs textuels de l'arrêt de mise en accusation « rendu par la Cour des Pairs, le 12 juin 1839,

« Qu'un seul et même crime de complot, qu'un seul et même délit d'attentat pèse « tant sur les accusés compris dans ledit arrêt d'accusation que sur tous les prévenus « non encore compris audit arrêt, ce qui constitue toutes les apparences d'un crime « indivisible;

« Que, dès lors, il en résulte que la procédure doit être indivisible à l'égard de « tous ceux sur qui plane la prévention de ces crimes uns et indivisibles;

« Plaise à la Cour :

« Avant faire droit au fond, ordonner qu'il soit sursis à la continuation du procès « et du jugement, jusqu'à ce que l'instruction générale ait été achevée, et qu'il ait été « statué sur la prévention dans son ensemble, et relativement à tous les inculpés.

« Signé : EMMANUEL ARAGO, DUPONT, BARBIER, BLANC, BLOT-LEQUESNE, « HEMERDINGER, BERTIN, LIGNIER, GRÉVY, GENTEUR, NOGENT DE « SAINT-LAURENT, ADRIEN BENOIST, FAVRE, avocats. »

galité méconnue, le sentiment unanime qui réclame la
répression sévère d'un odieux attentat.

Cette tactique, Messieurs, vous l'avez sans doute
comprise comme nous; mais c'est pour nous un devoir
d'en prévenir les effets, en prouvant que votre haute
juridiction apporte autant de scrupule dans l'observation des formes que de sagesse dans la décision du
fond.

La thèse de la défense est celle-ci : Les attentats
des 12 et 13 mai constituent un seul et même crime;
et l'arrêt qui, statuant, avant la fin de l'instruction
générale, sur quelques-uns des inculpés seulement,
les met en accusation pour être jugés séparément des
autres, est un véritable arrêt de disjonction. Or, en
procédure criminelle, la disjonction est une chose
monstrueuse.

Nous soutenons, Messieurs, et nous allons établir,
la loi à la main, qu'il ne s'agissait pas pour vous, lorsque vous avez statué comme chambre d'accusation, de
savoir si vous disjoindriez des procédures qui n'étaient
pas réunies, mais qu'il s'agissait, tout au contraire, de
savoir si, pour arriver ultérieurement à une jonction
possible, vous suspendriez l'action de la justice à l'égard
d'un certain nombre d'inculpés. Nous ferons voir que
ce que vous avez fait dans cette circonstance, non-seulement est autorisé, mais était exigé par la loi dans le
cas où vous vous trouviez placés. Descendant ensuite
sur le terrain même choisi par la défense, nous mon-
trerons, très-inutilement sans doute, puisque les faits
sont en opposition avec son hypothèse, que la disjonction même, quand elle n'est qu'une disjonction de procédures et non d'attribution, est souvent une nécessité,
et que, si vous aviez été conduits à prendre une telle

2

mesure, on serait encore impuissant à vous la reprocher, parce que la loi, comme tous les précédents de jurisprudence, l'autorisent et la consacrent dans certains cas.

Avant tout, Messieurs, une réflexion vous aura sans doute frappés comme elle nous frappe nous-même ; elle résulte de l'étrange situation dans laquelle se place la défense, en soulevant ce malencontreux incident.

Que demandent donc les accusés ? quel est leur but ostensible, avoué, formulé par des conclusions ?

Que la cause qui les concerne soit jointe à une autre cause ; qu'il soit sursis au jugement de leur procès jusqu'à ce que d'autres instructions commencées soient achevées, et que des hommes actuellement en état d'inculpation leur soient donnés comme coaccusés.

C'est là, Messieurs, une bien étrange et bien nouvelle prétention !

Qu'au moment où la Cour statue sur la mise en accusation, les accusés (la loi leur en donne le droit) adressent des mémoires à la Cour ; qu'ils prétendent, par exemple, que l'instruction en ce qui les concerne n'est pas complète ; qu'ils indiquent de nouvelles voies d'information ; qu'ils signalent, contre d'autres inculpés, des charges graves qui doivent décider leur mise en accusation immédiate, nous le comprenons, Messieurs.

Mais quoi ! voilà des hommes placés en état d'accusation ; cette accusation, elle est, à leur égard, définie et qualifiée dans les termes de droit ; et ils viennent vous dire : Vous n'avez pas pu nous diviser ; le crime que vous nous imputez, nous ne l'avons pas commis seuls ; il y a d'autres coupables qui sont nos complices, nous voulons qu'ils soient jugés simultanément avec nous.

Ne sentez-vous pas qu'il faudrait d'abord compléter

l'argumentation? Désigneriez-vous donc ces coupables que vous signalez d'une façon si générale? Iriez-vous jusqu'à montrer les liens étroits qui les rattachaient à vous? Feriez-vous connaître le concert qui a existé entre eux et vous? Vous êtes accusés d'attentats; il faudrait les placer à vos côtés dans l'exécution de ces crimes.

Et puis, quand vous auriez fait tout cela, savez-vous ce que nous répondrions encore?

Que vous êtes sans droit pour présenter une telle demande; que nul n'est en situation d'affirmer qu'il y aura ultérieurement des charges suffisantes pour mettre d'autres inculpés en état d'accusation; que vous êtes seuls accusés, et que, par conséquent, vous devez seuls être jugés; qu'il n'y a pas de jonction possible entre une procédure terminée par un arrêt d'accusation, et une procédure à l'état d'instruction.

Mais nous irons bien plus loin, Messieurs : admettons pour un instant l'hypothèse contraire à celle dans laquelle nous nous trouvons placés; supposons que plusieurs catégories d'inculpés aient été mises en état d'accusation par vos arrêts; que plusieurs actes d'accusation aient été rédigés en conséquence; qu'il ne s'agisse point seulement de crimes connexes, mais d'un seul et même crime.

Serions-nous placés d'abord dans une situation irrégulière, anormale, contraire à la loi? Non, assurément; car la loi prévoit formellement cette situation dans l'article 307 du Code d'instruction criminelle.

Eh bien! dans ce cas-là même, les accusés n'auraient pas le droit de réclamer la jonction; cette mesure ne serait d'abord que facultative, et il appartiendrait seu-

2.

lement au Procureur général de la requérir, au Président de l'ordonner : l'article 307 est formel sur ce point :

« Lorsqu'il aura été formé, à raison *du même délit*, plusieurs actes d'accusation contre différents accusés, le procureur général *pourra* en requérir la jonction, et le président *pourra* l'ordonner, même d'office. »

Mais la défense insiste sur le caractère particulier du crime de complot, et elle dit : Le complot est un crime essentiellement indivisible ; c'est un crime identique, intellectuel, et en quelque sorte métaphysique : son caractère constitutif est l'indivisibilité.

Nous reconnaissons, Messieurs, que le crime de complot présente un caractère d'unité, d'indivisibilité même, si l'on veut ; mais il a cela de commun avec tous les autres crimes, et il faut même dire que, malgré sa nature intellectuelle, il est peut-être le moins indivisible de tous les crimes, parce qu'il suppose toujours le concours de plusieurs coupables. Cependant, si nous pouvions accorder en fait à la défense qu'il s'agisse au procès d'un complot, l'argumentation qu'elle nous présente en droit n'en resterait pas moins impuissante ; car l'indivisibilité du complot, c'est l'indivisibilité d'un seul et même délit, et il est dès lors évident que la règle posée par l'art. 307, pour le cas d'un seul et même délit, à l'égard duquel plusieurs arrêts d'accusation ont été rendus, et plusieurs actes d'accusation rédigés, doit s'appliquer au jugement d'un complot.

Il est temps d'aborder de front, et la loi à la main, les difficultés qu'on nous oppose.

De quoi s'agit-il dans le procès qui vous est déféré, Messieurs ? S'agit-il d'un seul et même crime indivisible ?

Non, évidemment : la Cour est saisie de crimes connexes qui se résument sous la qualification générique d'*attentats*.

A cet égard, les dispositions de l'article 227 du Code d'instruction criminelle, qui définit la connexité, sont si précises, si formelles, qu'elles semblent avoir été écrites pour reproduire, sous une qualification légale, les caractères des attentats commis les 12 et 13 mai 1839 :

(227.) « Les délits sont connexes, soit lorsqu'ils ont été commis en même temps par plusieurs personnes réunies, soit lorsqu'ils ont été commis par différentes personnes, même en différents temps et en divers lieux, mais par suite d'un concert formé à l'avance entre elles ; soit lorsque les coupables ont commis les uns pour se procurer les moyens de commettre les autres, pour en faciliter, pour en consommer l'exécution, ou pour en assurer l'impunité. »

Ainsi, les crimes soumis à la haute juridiction de la Cour des Pairs ont le caractère de la connexité : rien de plus, rien de moins.

Cependant on s'efforce d'aller plus loin ; on veut leur trouver un caractère d'indivisibilité qu'on fait résulter principalement de quelques-uns des termes de votre arrêt d'accusation et de l'un des articles du Code pénal visés dans cet arrêt, l'article 89, qui définit le complot.

On s'empare également des termes du réquisitoire présenté par le ministère public et des énonciations contenues dans le rapport de votre commission d'instruction ; puis, du rapprochement de ces diverses pièces, on s'efforce de conclure que vous avez édifié une accusation de complot, par conséquent d'un crime indivisible de sa nature.

On a donc oublié, Messieurs, que, pour apprécier

une accusation, ce n'est pas aux éléments nombreux et divers de l'instruction que le rapport doit reproduire, ce n'est pas aux considérants de l'arrêt, mais bien à l'articulation qualifiée qu'il faut se référer.

Oui, le ministère public dans ses réquisitions avait pensé qu'une accusation d'attentat pouvait être fondée sur la participation au concert préalable qui l'avait préparé.

Sans proposer à la Cour, et ce point est grave, un chef d'accusation de complot, il avait dit que la culpabilité principale de quelques-uns des accusés, quant aux attentats, résultait de la part qu'ils avaient prise, tout à la fois, au concert qui les avait préparés, aux faits qui les avaient consommés.

Eh bien! cette distinction même proposée par le ministère public, quoiqu'elle fût encore exclusive du complot considéré comme chef d'accusation, la Cour ne l'a point admise, et les accusés n'ont aujourd'hui à répondre que sur des faits d'attentats. Que la défense ne construise donc pas à plaisir une accusation imaginaire; qu'elle se renferme dans les termes de l'arrêt qui définit et qui limite par là même cette accusation; qu'elle sache que tous les faits préparatoires de l'attentat ne sont pas ici considérés comme preuves d'une résolution d'agir antérieure, mais bien comme constitutifs d'une préméditation coupable et d'une participation à ce même attentat.

Ajoutons qu'on a mal compris le sens et la portée du considérant de l'arrêt sur lequel on se fonde, parce qu'on ne s'est peut-être pas assez rendu compte de la jurisprudence constamment adoptée par la Cour.

Vous le savez, Messieurs, votre compétence n'est pas exclusive, et par suite il ne vous suffit point qu'une affaire rentre dans votre compétence légale, pour que vous croyiez toujours devoir vous en réserver la connaissance : vous ne vous saisissez, au contraire, que lorsque vous avez reconnu que le crime présente les caractères de gravité suffisants pour nécessiter l'intervention de votre haute juridiction.

Eh bien! c'est dans le considérant de l'arrêt par lequel vous appréciez la gravité des crimes qui vous ont été déférés par l'ordonnance royale du 14 mai, que vous signalez avec raison le concert qui aurait existé entre les inculpés, leurs fauteurs et leurs complices.

C'est donc comme caractère de gravité du crime, et non comme chef d'accusation, que vous présentez le concert préalable des coupables.

Mais qu'importerait d'ailleurs, Messieurs, que vous eussiez fait de ce concert, de ce complot, comme on voudra l'appeler, un chef spécial et distinct d'accusation? Est-ce que l'article 227 ne décide pas formellement que ce concert entre les coupables constitue la connexité et rien de plus?

« *Soit lorsque les délits ont été commis par différentes personnes, même en différents temps et en divers lieux, mais par suite d'un concert formé à l'avance entre elles.* »

Encore une fois, nous sommes donc dans la connexité, mais nous ne sommes que dans la connexité.

Quelles sont maintenant les règles qui résultent de la connexité des crimes et délits? Est-il vrai que la simultanéité d'instruction et de débats doive en être le résultat?

On ne trouvera, Messieurs, dans la loi qu'une seule disposition, et elle dit précisément le contraire de ce qu'on voudrait lui faire dire.

L'article 226 du Code d'instruction criminelle est placé sous la rubrique *des mises en accusation*, et il est ainsi conçu :

« La Cour statuera, par un seul et même arrêt, sur les délits connexes dont les pièces se trouveront en même temps produites devant elle. »

Il en résulte que les chambres d'accusation ne doivent statuer sur les délits connexes, par un seul et même arrêt, qu'autant que les diverses procédures relatives à ces délits leur sont en même temps soumises.

Et en effet, Messieurs, il y a pour cela deux graves motifs entre beaucoup d'autres.

Le premier, c'est la régularité et la continuité du cours de la justice. La loi a voulu qu'aussitôt que des procédures sont prêtes, elles fussent jugées ; elle n'a pas voulu que, même en cas de connexité, et sous le prétexte d'opérer ultérieurement une jonction, on suspendît le cours de la justice, et qu'on ajournât indéfiniment le jugement des accusés dont la procédure est en état. Son but principal a été de mettre fin aux longueurs des anciennes procédures, qu'une évocation à l'extraordinaire rendait quelquefois interminables. Ce qu'on vous demande ici, ce serait précisément d'ordonner ce que la loi n'a pas voulu.

Le second motif, Messieurs, c'est la nécessité même des choses, qui s'oppose à une jonction entre une procédure complète et achevée, et une instruction dont il n'est donné à personne de prévoir le terme et le résultat.

Qu'il nous soit permis, de montrer que cette interprétation de la loi, si naturelle et si simple, est celle que consacre la jurisprudence de la Cour de cassation.

Pour mieux apprécier toute la force de l'arrêt que nous avons l'honneur de rappeler à la Cour, il importe de remarquer que, par un premier arrêt, la Cour de cassation avait renvoyé les demandeurs, en l'état d'accusation où ils se trouvaient, devant une même Cour d'assises, et qu'en même temps, aux termes de l'article 433 du Code d'instruction criminelle, le même arrêt saisissait le juge d'instruction du lieu pour instruire à l'égard d'autres inculpés du même crime. C'est en se fondant sur l'état de choses qui résultait de ce premier arrêt de cassation, et, à la différence de ce qui existe ici, sur l'unité du crime, que les accusés devant la Cour d'assises avaient demandé un sursis, pour arriver ultérieurement à la simultanéité du débat. Un arrêt de cette Cour avait refusé le sursis et ordonné qu'il serait passé outre aux débats.

Voici, Messieurs, dans quels termes et par quels motifs la Cour de cassation rejeta le pourvoi :

« Attendu qu'en ce qui concerne la simultanéité du débat, la disposition de l'arrêt qui l'énonce n'y a été que déclaratoire de la disposition qui, par l'effet de l'attribution générale conférée à la Cour d'assises d'Alby, résultait implicitement, en faveur de celle-ci, de l'article 433 du Code d'instruction criminelle, et d'après laquelle elle était autorisée à réunir, suivant les circonstances, tous les accusés dans un même débat, ou à renvoyer à des débats ultérieurs ceux d'entre eux à l'égard desquels l'instruction ne serait pas suffisamment complète ;

« Que cette disposition de l'arrêt était donc purement facultative, comme celle de la loi à laquelle elle se référait, et qu'en refusant le renvoi des débats indéfiniment demandé par quelques-uns des accusés, jusqu'à

3

ce qu'ils pussent être ouverts avec tous ceux contre
lesquels il pourrait intervenir des arrêts de mise en accusation sur ledit crime, le Président de la Cour d'assises d'Alby et cette Cour n'ont nullement contrevenu
à l'autorité de la chose jugée par le susdit arrêt du
26 février;

« Qu'ils n'ont point contrevenu non plus à l'article
226 du Code d'instruction criminelle, qui a disposé
pour un cas différent, qui suppose d'ailleurs que l'ins-
struction est terminée sur tous les délits connexes sur
lesquels il veut que les chambres d'accusation statuent
par un seul et même arrêt;

« Que l'article 307 est invoqué avec aussi peu de
fondement; que sa disposition n'est relative qu'au ministère public, et qu'elle est purement facultative pour
lui et pour le Président; que de l'article 433 il ne résulte non plus qu'un droit et non une obligation; qu'aucun de ces articles ne saurait donc justifier le premier
moyen;

« Que la connexité des délits est sans doute un motif
légitime de réunion des procédures, mais qu'elle ne
doit pas la faire opérer, lorsque de cette réunion pourraient résulter des retards qui amèneraient le dépéris-
sement des preuves et nuiraient à l'action de la justice.»

Ainsi, vous le voyez, Messieurs, la connexité peut
sans doute, dans certains cas, motiver la jonction des
procédures, mais elle ne la rend point nécessaire. Il y
a plus : cette jonction n'est jamais possible qu'entre
procédures en état, c'est-à-dire complètes; et l'idée
d'une jonction à établir entre une procédure encore en
instruction et une procédure terminée par arrêt d'ac-

cusation est une idée que repoussent également le texte et l'esprit de la loi.

Nous avons donc pleinement justifié notre thèse, car nous avons prouvé que vous n'aviez point eu de disjonction à opérer, puisque rien n'avait été réuni, mais que c'était, tout au contraire, une question de possibilité de jonction ultérieure que vous aviez dû examiner dans votre sagesse, et que vous l'aviez décidée, cette question, selon les termes et selon l'esprit de la loi.

Maintenant, Messieurs, il nous reste quelques mots à dire en nous plaçant sur le terrain même que s'est choisi la défense, et à nous expliquer sur une mesure dont il ne s'agit point au procès, mais à laquelle on s'est efforcé d'assimiler votre arrêt d'accusation; nous voulons parler de la disjonction.

Quand on a eu à examiner, soit devant les Cours de justice, soit dans une assemblée législative, la question de savoir si les inculpés d'un même délit pouvaient être, par une disjonction de la procédure dont ils étaient l'objet, traduits, à raison d'une qualité qui leur était personnelle, devant des juridictions d'un ordre différent, on a généralement décidé que cette disjonction d'attribution était repoussée par les principes du droit et les intérêts de la justice. Dans cette hypothèse, l'identité de l'accusation et la différence de la juridiction faisaient craindre des contradictions qui porteraient atteinte au respect que doivent toujours obtenir les arrêts, et l'on ne s'habituait pas à la pensée que le sort des accusés d'un même crime fût plus ou moins sévèrement fixé, par cela seul que la loi les soumettrait à des tribunaux différents.

Mais est-ce qu'il y a, Messieurs, la moindre analogie entre la question qui était alors agitée et celle qui nous

3.

occupe en ce moment? Quel que soit, en effet, parmi les inculpés, le nombre de ceux qui devront être ultérieurement mis en accusation pour leur participation aux attentats des 12 et 13 mai, est-ce qu'ils n'auront pas tous les mêmes juges? Est-ce qu'ils ne comparaîtront pas tous devant la haute juridiction que la Charte a instituée pour connaître des grands crimes qui menacent la sûreté de l'État?

D'un autre côté, c'est cette juridiction elle-même qui, dirigeant par ses délégués l'instruction dans son ensemble et dans ses détails, constate qu'elle est complète à l'égard d'un certain nombre des inculpés, reconnaît la divisibilité de certains faits qu'elle détermine, dans les éléments de l'accusation comme dans ceux de la défense, et qui statue en parfaite connaissance de cause.

Que viendrait-on donc nous parler de disjonction, de cette scission forcée, aveugle, introduite par la différence de la qualité des personnes dans une procédure dont toutes les parties peuvent être d'ailleurs intimement unies entre elles par l'identité du crime et de ses preuves, par la nature même de la participation de chacun des accusés?

En acceptant donc l'hypothèse de la défense, au lieu d'une disjonction en quelque sorte fatale, nous trouverions une division faite après examen par la juridiction compétente, lorsqu'elle est permise par la divisibilité des faits, lorsque le nombre de ces faits et celui des accusés la rend nécessaire, lorsqu'à son défaut toute juridiction serait paralysée dans son action, et la justice rendue impuissante.

N'est-il pas évident en effet que, dans le cas où, par impossible, les nombreuses procédures suivies à raison

des faits divers d'attentats commis dans les journées des
12 et 13 mai auraient été simultanément achevées;
dans le cas où elles auraient pu être soumises ensemble
à l'appréciation de cette Cour, jugeant comme chambre
d'accusation, une division, sinon une disjonction, fût
encore devenue nécessaire?

Quelle est donc la juridiction à laquelle la raison per-
mette d'imposer l'obligation absolue de juger à la fois
tous les faits entre lesquels existe un lien de connexité,
et tous les prévenus qui s'y trouvent compromis, quelque élevé qu'en puisse être le nombre?

La justice ne deviendrait-elle pas ainsi plus lente et
plus embarrassée dans sa marche, à mesure que des intérêts plus impérieux la réclameraient plus facile et plus
prompte; et ne serait-elle pas même quelquefois réduite
à périr légalement, et frappée, pour ainsi dire, de ses
propres armes, dans les longueurs sans terme, dans les
complications confuses, dans le chaos inextricable d'une
procédure à laquelle aucune forme humaine ne suffirait
plus?

La manifestation de la vérité est le seul but de toute
accusation, et est aussi le seul intérêt légitime que la
défense puisse avouer : demander au temps le dépéris-
sement successif des preuves, et aux embarras calculés
de la procédure l'impossibilité d'un contrôle éclairé,
ce n'est plus chercher dans la loi les garanties de la justification, c'est exiger d'elle qu'elle sanctionne l'impunité.

Mais à quoi bon, Messieurs, insister davantage sur
ces idées? La théorie d'indivisibilité qui vous a été pré-
sentée par la défense cherchait exclusivement son appui
dans la fausse hypothèse d'une accusation de complot.
Nous avons montré, votre arrêt à la main, que chacun

des accusés n'avait à répondre que sur sa participation à l'attentat, et que les faits antérieurs qui pouvaient lui être opposés, présentés comme prouvant à son égard la préméditation et la préparation de ce crime, ne se résumaient en aucun chef d'accusation qui offrît un caractère d'indivisibilité.

Vous avez donc pu, Messieurs, nous irons plus loin, vous avez dû statuer d'abord sur les accusés à l'égard desquels la procédure était complète. Appelés à répondre sur des faits qui leur sont exclusivement personnels, ils n'ont aucun droit, ils n'ont aucun intérêt légitime à se plaindre de la procédure que vous avez suivie, et l'exception qu'ils présentent, mal fondée en fait comme en droit, ne saurait être admise.

Dans ces circonstances et par ces considérations, nous estimons qu'il n'y a pas lieu de faire droit aux conclusions des défenseurs de *Barbès*.

RÉPLIQUE

PRONONCÉE

PAR M. FRANCK CARRÉ,

PROCUREUR GÉNÉRAL DU ROI,

A L'AUDIENCE DU VENDREDI 28 JUIN 1839,

RELATIVEMENT

AUX CONCLUSIONS PRÉJUDICIELLES

PRISES AU NOM

DES ACCUSÉS BARBÈS, DELSADE ET AUTRES.

MESSIEURS LES PAIRS,

Après la discussion que vous nous avez permis de vous présenter hier, nous ne prendrions point une seconde fois la parole, s'il ne s'agissait plus que de justifier la procédure que vous avez suivie : nous avons fait voir, en effet, que cette procédure était l'exécution même de la loi ; nous avons prouvé que les attentats des 12 et 13 mai constituaient des crimes connexes essentiellement divisibles. Nous avons enfin montré, la loi à la main, que la simultanéité d'instruction et de débats, même pour un crime unique et indivisible, n'était jamais une nécessité, mais une faculté laissée par la loi au seul arbitrage du procureur général et du président de la Cour.

Cependant, l'insistance du défenseur que vous venez d'entendre, et certains rapprochements qu'il a tenté d'établir devant vous, nous font un devoir de nous expliquer de nouveau. Nous serons bref, Messieurs; nous ne sollicitons de votre bienveillance que quelques minutes d'attention.

Le premier défenseur entendu à l'audience d'hier s'était surtout, disons mieux, s'était exclusivement attaché à l'idée du complot; c'était sur le caractère indivisible de ce crime spécial, de ce crime intellectuel, comme il disait, qu'il fondait l'impossibilité d'une division entre les inculpés d'un tel crime.

Nous avons répondu en fait et en droit : nous avons dit que votre arrêt n'établissait point l'accusation de complot; qu'il ne fallait chercher cette accusation ni dans les éléments divers et nombreux de l'instruction, ni dans le rapport qui doit les présenter tous à la Cour comme une image fidèle, mais bien dans l'articulation qualifiée qui forme le dispositif de l'arrêt. Nous avons dit que le complot ne jouait qu'un rôle en quelque sorte historique dans cette affaire; qu'il était présenté comme une explication des faits déférés à la Cour, et qui constituent l'attentat, non comme un chef d'accusation, mais comme une préméditation qui vient aggraver cet attentat.

Cependant, Messieurs, on est encore revenu sur l'un des considérants de votre arrêt d'accusation, sans prendre garde que ce considérant, exclusivement relatif à votre compétence, signale, non point comme chef d'accusation, mais comme circonstance de gravité du crime, *le concert qui aurait existé entre les inculpés, leurs fauteurs et leurs complices.*

Mais qu'importerait d'ailleurs, Messieurs, que, dans le dispositif même de votre arrêt, vous eussiez placé le considérant sur lequel on se fonde? Le concert préalable entre les coupables, c'est la connexité, et rien de plus : rapprochez les termes de ce considérant, du texte de l'article 227, et vous resterez convaincus de cette vérité; elle est tellement évidente qu'il semble que les termes de votre arrêt aient eu pour but de reproduire le texte de cet article.

Nous étions d'autant plus en droit de nous étonner de cette argumentation de la défense, qu'elle reposait tout à la fois sur une erreur de droit et sur l'oubli de votre compétence.

Nous disons d'abord sur une erreur de droit, car il est évident que le complot ne peut coexister avec l'attentat, et que le crime de complot disparaît légalement dès que l'exécution est réalisée sous le nom d'attentat. Est-ce qu'il serait possible de poursuivre, tout à la fois, pour tentative de crime et pour crime consommé? En droit, l'exécution fait disparaître la tentative, comme l'attentat fait disparaître le complot. Dès l'instant que l'exécution de ce complot a eu lieu, que de la résolution d'agir on est passé à l'action, ce crime intellectuel dont vous parlez a fait place au crime matériel, et les coupables qui auraient pris part au concert, sans avoir pris part à l'action, ne pourraient plus être atteints comme auteurs d'un complot, mais comme complices d'un attentat. Voilà, Messieurs, les vrais principes en matière de droit.

Maintenant n'est-il pas évident pour vous aussi que l'argumentation dont nous parlons méconnaissait éga-

4

lement les règles de votre compétence? N'est-il pas vrai que la Cour des Pairs connaît seulement des attentats et non point des complots? N'est-il pas vrai qu'elle n'atteint jamais le complot que comme complicité de l'attentat? Ainsi, à tous égards, l'argumentation était vicieuse; son point de départ, sa base, lui échappent.

Cependant, messieurs, le défenseur que vous venez d'entendre a repris en droit la même argumentation, en l'appliquant, soit encore au complot, soit à l'attentat considéré comme crime unique.

Il faut donc de toute nécessité que nous reproduisions en quelques mots la réponse catégorique que déjà nous avions indiquée hier.

Il ne s'agit point d'un seul et même crime indivisible, mais de crimes connexes. L'article 227 du Code d'instruction criminelle ne laisse aucun doute à cet égard.

Est-ce bien sérieusement, Messieurs, qu'on s'empare du mot *attentat* employé au singulier dans votre arrêt, pour conclure à l'indivisibilité du crime, et pour nous reprocher une monstrueuse disjonction?

Faut-il donc dire à la défense que le mot d'attentat est un mot générique, qui résume et comprend en lui des scènes plus ou moins nombreuses, plus ou moins diverses, et par le temps et par le lieu, et par les coupables qui y prennent part? Est-ce que les événements de la Vendée, est-ce que les troubles de Juin ne constituaient pas un attentat? Soutiendrez-vous que ces faits constituaient un seul et même crime indivisible de sa nature?

Une telle prétention, vous le voyez, Messieurs, est par trop déraisonnable, et ce serait abuser de vos moments que d'insister plus longtemps.

Mais cependant nous vous le disions hier, admettons

pour un moment qu'il s'agisse ici d'un seul et même crime, admettons qu'il y ait quelque valeur et quelque chose de sérieux dans cette argumentation qui méconnaît le vrai sens du mot attentat, de ce mot si complexe et si étendu *qu'il peut comprendre toute une guerre civile ;* nous dirons au défenseur :

Voulez-vous qu'il s'agisse d'un seul et même crime, d'un complot, d'un attentat isolé ? nous le voulons aussi.

Eh bien ! vous prétendez en faire résulter de plein droit la simultanéité d'instruction et de jugement : sur quel texte de loi fondez-vous cette prétention ?

Non-seulement vous ne trouverez rien d'écrit à cet égard, mais nous vous avons montré la décision contraire formellement écrite dans la loi.

Qu'il nous soit permis, Messieurs, de relire encore les dispositions de l'article 307 du Code d'instruction criminelle :

« Lorsqu'il aura été formé, à raison *du même délit,* plusieurs actes d'accusation contre différents accusés, le Procureur général *pourra* en requérir la jonction, et le Président *pourra* l'ordonner, même d'office. »

Ainsi, dans l'hypothèse de la loi, l'instruction est complète sur tous les points, toutes les phases de la procédure ont été successivement parcourues, les accusations sont prononcées, les actes d'accusation rédigés ; il s'agit bien du même délit, et de plusieurs accusés de ce même délit, et cependant la jonction n'est que facultative : c'est un droit accordé au Procureur général et au Président ; mais la règle même, dans ce cas, ce serait de ne pas joindre.

On vous dit : Cet article est une exception à la règle. Pourquoi donc, je vous prie, cette exception ? Comment ! vous proclamez ce principe de l'indivisibilité

4.

comme une règle invariable, absolue, comme un principe qui domine toutes les législations, et voilà qu'on ne trouve écrit dans la loi que ce que vous appelez une exception à ce principe! Encore une fois, pourquoi donc cette exception? Jamais il ne sera plus facile d'appliquer le principe; tout est prêt, tout est en état, la procédure est achevée, les arrêts d'accusation sont rendus, les actes d'accusation sont rédigés; l'exception serait donc écrite tout exprès pour violer le principe : cela est déraisonnable, Messieurs; il est évident, au contraire, que ce qu'on appelle un principe, est précisément l'exception à la règle.

Mais, Messieurs, la parité n'est pas complète, nous ne demandons pas que vous alliez aussi loin que l'article 307. En accordant à la défense, ce qui n'est pas vrai, qu'il s'agisse d'un même délit, il faut bien qu'elle reconnaisse, du moins, que la procédure n'est point complète sur le tout, que toutes les accusations ne sont pas encore prononcées. Que vient-elle donc nous parler de la jonction, comme d'un droit qui lui appartient? C'est bien le cas de nous servir ici d'un mot qui lui est propre, et de dire qu'une telle prétention est intolérable.

Enfin, Messieurs, on est revenu fort longtemps sur la question de disjonction de juridiction, de cette disjonction qui s'opère à raison de la qualité des personnes, sans prendre garde que nous avions tout concédé sur ce point.

On vous a parlé, Messieurs, du procès de M. le Comte de Montalembert, et du principe d'indivisibilité que vous avez proclamé dans cette circonstance. Mais cet arrêt, Messieurs, est précisément la consécration de cette vérité, que la disjonction qui renvoie une partie des accusés devant une juridiction, une autre partie devant une juridiction différente, à raison de la qualité différente des accusés, est une procédure irrégulière et illégale. Mais quel rapport a cette disjonction avec la division que vous avez introduite dans le jugement d'inculpés tous soumis à votre juridiction, division d'ailleurs fondée sur le texte précis de l'article 226 du Code d'instruction criminelle?

Nous ne répondrons donc point, Messieurs, à tout ce qui vous a été rappelé des discussions législatives sur la question de disjonction, car ces principes, qui ne sont pas en cause ici, sont vrais, et nous n'avons jamais entendu les mettre en doute.

Oui, il est incontestable que, quand le délit est indivisible, les coauteurs de ce délit ne peuvent, sans violation de toutes les règles écrites, être renvoyés devant des juridictions différentes, à raison de leurs différentes qualités. Tout cela est hors de doute, mais tout cela est en dehors de la question qui nous occupe.

Maintenant, Messieurs, on a fait valoir devant vous des considérations qui ne rentrent pas dans le point de droit, mais qu'il nous est impossible de laisser sans réponse.

On vous a dit d'abord que c'était précisément parce que la procédure n'était pas terminée dans son ensemble, qu'il y avait péril à juger actuellement; que vos consciences ne seraient pas suffisamment éclairées, et que vous seriez exposés, Messieurs, à reconnaître, dans un prochain procès, l'erreur que vous auriez commise dans celui-ci.

Nous le demandons, n'est-ce pas là supposer prouvé ce qui précisément est en question; n'est-ce pas soutenir que la procédure contre les accusés n'est pas complète, en présence des véritables juges de cette question qui ont décidé le contraire, en présence de votre commission d'instruction et de la Cour elle-même, qui ont reconnu que cette procédure était complète?

Vous ne serez pas suffisamment éclairés, dit-on. Qu'on prenne donc la peine de nous dire ce qui doit manquer à vos lumières; quelle est donc la voie d'instruction qui vous est interdite pour arriver à la manifestation de la vérité? Si les accusés ont des témoins à faire entendre, qu'ils les indiquent; ils seront immédiatement appelés. Veulent-ils même que vous receviez les déclarations de quelques-uns des inculpés, ils savent, Messieurs, que cette voie d'instruction leur sera ouverte comme toute autre. Comment donc ne seriez-vous pas suffisamment éclairés; et quels moyens de justification peuvent manquer à la défense?

Il faut même le dire, car cela est vrai: s'il arrivait, ce qui ne peut pas être, que l'accusation n'eût pas saisi tous les liens des accusés entre eux, si sur quelques points ses investigations n'avaient pu tout éclairer; si, comme on le dit, les lumières n'étaient pas suffisantes, ce ne seraient pas apparemment les accusés qui auraient à en souffrir, et par conséquent à s'en plaindre: car, vous le savez, Messieurs, le doute profite à la défense.

On ose dire que vous êtes exposés, dans un nouveau procès, à regretter une décision que vous auriez prise aujourd'hui; et l'on ne s'aperçoit pas que cet argument n'irait à rien moins qu'à supprimer toute justice humaine; qu'il n'y a pas de procès où l'on ne puisse dire, et où l'on ne dise en effet, au juge : Prenez garde! votre décision serait irrévocable, et elle peut être erronée! Non, non, Messieurs, la décision que vous rendrez, quelle qu'elle soit, ne saurait être erronée, car vous ne la rendrez qu'après un débat contradictoire, qu'en vous appuyant sur une profonde et intime conviction.

On vous a dit aussi que « la justice mal administrée était celle qui allait trop vite et qui ôtait aux accusés le bénéfice du temps. »

Messieurs, le bénéfice du temps, pour les accusés quels qu'ils soient, n'est un bénéfice légitime qu'autant qu'il est nécessaire à leur défense.

Eh bien! ici on n'a pas même articulé que les accusés n'aient pas eu le temps nécessaire pour préparer leur défense. C'est donc d'un autre bénéfice qu'on entendait parler, c'est d'un bénéfice que la justice ne peut ni ne doit comprendre.

Enfin, l'un des défenseurs a prononcé le mot d'humanité, et a semblé nous l'adresser comme un reproche : qu'une réflexion nous soit permise. A Dieu ne plaise d'abord que nous entendions, nous, adresser un reproche à la défense; mais nous avons le droit de lui dire que notre devoir ne nous permet point de céder à des inspirations aussi exclusives. Chargé de soutenir les intérêts de la société, nous savons qu'elle ne veut être défendue que par la justice, et par une justice scrupuleuse et éclairée. Jamais nous ne consentirions à ce que les accusés fussent privés des garanties qui leur sont assurées par la loi; et, s'il fallait craindre qu'un mode de procéder quel qu'il fût conduisît à l'erreur, nous ne viendrions assurément point le défendre, et nos lois prévoyantes, d'ailleurs, ne l'autoriseraient pas. Mais, en veillant à ce que toutes les formes protectrices des droits de ceux que nous accusons soient remplies, nous ne devons point oublier non plus que ces droits ne sont pas les seuls que la magistrature et les lois doivent protéger. Quand de grands crimes ont été commis, quand ils ont indigné et consterné tous les cœurs honnêtes, quand ils ont fait de nombreuses victimes, la promptitude du jugement n'est-elle donc pas un grand intérêt social; et n'est-il pas du devoir de la magistrature de l'assurer autant qu'il se peut, en se soumettant à la nécessité d'une instruction éclairée? Nous entendons aussi, Messieurs, la voix de l'humanité; mais elle nous commande la répression du crime pour en prévenir le retour.

RÉQUISITOIRE

DE M. FRANCK CARRÉ,

PROCUREUR GÉNÉRAL DU ROI,

RELATIVEMENT AUX ACCUSÉS

BONNET, BARBÈS, BERNARD ET NOUGUÈS.

MESSIEURS LES PAIRS,

S'il est un sentiment qui, à l'époque où nous vivons, soit commun à tous les cœurs honnêtes; s'il est une pensée qui domine avec une force égale tous les esprits éclairés, on peut affirmer que c'est le respect de la légalité et la réprobation de tous les actes par lesquels elle

5

est ouvertement violée; c'est dans la volonté ferme et constante de maintenir, à l'égard de tous, l'empire absolu de la loi, que l'instinct public cherche une sorte de contre-poids à la divergence des opinions et à la mobilité des idées. Au sein même des partis qui se montrent le plus hostiles au Gouvernement établi, il n'est pas d'homme ayant quelque valeur politique qui n'ait compris qu'en essayant de briser le joug des lois, on n'affrontait pas seulement les châtiments qu'elles prononcent, mais qu'on se dévouait encore à subir dans l'opinion publique une condamnation inévitable ; et, si l'habileté de quelques-uns s'exerce à ruiner des institutions libérales par l'abus des droits qu'elles assurent et qu'elles protégent, elle affecte, du moins, d'en respecter les extrêmes limites. A cette condition seulement, un parti, quel qu'il soit, peut conserver encore en France quelque mouvement et quelque vie : il n'en est pas qui ne s'anéantît de lui-même, au moment où il cesserait de se présenter sous l'apparence d'une opinion soutenue et défendue par les voies légales.

D'où vient donc, Messieurs, qu'en dépit de cette disposition générale des esprits, dans laquelle se résument à la fois la pensée du progrès et la volonté de l'ordre, le sentiment de la liberté et le besoin d'une règle, nous puissions être réduits à voir la paix publique soudainement troublée par ces attaques sanglantes qui attestent l'insolent espoir de faire fléchir l'autorité des lois sous la puissance aveugle de la force? Quelles sont donc ces sombres inimitiés qui fermentent dans le sein de la société et se consument en longs efforts pour lui infliger un jour de combat et de deuil? Ce procès les a mises au grand jour : il vous a montré, Messieurs, l'existence d'une secte peu nom-

breuse, mais ardente et résolue, aux yeux de laquelle
tous les droits établis reposent sur l'injustice et l'usur-
pation, qui condamne sans réserve les institutions
politiques et civiles, et qui se proclame elle-même en
état de guerre avec tous les pouvoirs légitimes. Brisant
les liens qui les attachent à la Cité, ces missionnaires
de désordre et d'anarchie s'affranchissent eux - mêmes
de tous les devoirs qui leur sont imposés envers le
pays, envers leurs concitoyens : les obligations mêmes
qui naissent des relations d'homme à homme ne les
arrêtent point quand il s'agit d'assurer le triomphe de
leurs extravagantes et coupables théories.

Organiser la guerre civile, exciter autour d'eux les
plus violentes et les plus odieuses passions, troubler par
les armes le calme d'une population paisible, jeter dans
les familles le deuil et l'effroi, faire couler en quelques
heures, dans nos rues, plus de sang que les crimes vul-
gaires n'en répandent en une année dans toute l'étendue
de la France, rien ne leur coûte, rien ne les arrête, rien
n'est capable de désarmer leur fureur. Leur foi suffit, à
leurs yeux, pour les absoudre, et leur audace pour les
honorer : quand la force publique les aura domptés,
quand la justice leur demandera compte de leurs
crimes, ils n'en dissimuleront ni la pensée, ni le but,
ni l'exécution. S'ils se proclament *non capables* et *non
coupables* de quelque acte odieux, au récit duquel se
révolte avec plus de dégoût la conscience publique,
c'est qu'il y a des excès que ne peut publiquement
accepter aucune impudeur ; mais ils traiteront d'ailleurs
avec le pays de puissance à puissance, et, comme des
soldats vaincus sur un champ de bataille, ils réclameront
les droits de la guerre et les immunités du malheur.

En vérité, Messieurs, quand un magistrat, devant

5.

une cour de justice, entend de pareilles prétentions se formuler, il se demande comment il est possible qu'elles soient émises de bonne foi, et qu'il se rencontre des hommes qui, après avoir jeté un pareil défi aux lois et au gouvernement de leur pays, qui, après s'être couverts du sang de leurs concitoyens, avouent leurs actes sans confesser leur culpabilité, et ne trouvent pas dans leur cœur un sentiment de regret et de repentir. Ils parlent de leur cause comme si elle était légitime, de leurs efforts comme s'ils n'étaient pas criminels, de leurs combats comme s'ils n'étaient pas impies!

Quelle est-elle donc cette cause, Messieurs? Quels sont-ils ces actes dont on a fait ici un aveu qui était presque une apologie? Quelles sont les doctrines qui ont pu produire et qui expliquent de telles choses? C'est là ce qu'il s'agit maintenant de rechercher.

Lorsqu'en 1834 la Cour des Pairs fut saisie de la connaissance des attentats d'avril; lorsqu'à la suite d'une instruction longue et consciencieuse elle put révéler au grand jour l'organisation de la Société des Droits de l'Homme, et signaler au pays ses doctrines et son but; lorsqu'il fut devenu certain pour tous que cette association anarchique avait couvert la France d'un vaste réseau, et que partout, à la fois et à heure fixe, elle avait levé l'étendard de la révolte; qui eût pu croire alors, en présence de cette loi salutaire qui frappait les associations politiques, en présence de l'arrêt de votre justice qui condamnait les chefs avoués de la plus redoutable de toutes, en présence surtout de la réprobation publique, qui flétrissait si énergiquement les doctrines et les actes qui avaient ensanglanté les principales villes de France; qui eût pu croire qu'à cet instant-là même l'indomptable obstination de quelques fanatiques s'oc-

cupait activement de la réorganisation d'une société secrète, dans le double but du régicide et de l'insurrection ?

Et cependant, Messieurs, vous le savez, c'est de cette
époque que date l'organisation de la *Société des Familles*
qui, depuis, a pris le titre de *Société des Saisons* ou *des
Printemps.*

Son existence, révélée d'abord par la saisie d'une
lettre écrite à l'un des inculpés dans l'attentat d'avril,
fut bientôt certifiée par les dernières déclarations du
condamné *Pépin,* complice de *Fieschi. Pépin* fit connaître qu'il avait été lui-même initié à cette criminelle
association, et signala comme l'un des chefs l'accusé
Auguste Blanqui, auquel il convint avoir confié le secret de l'horrible complot de *Fieschi.* Depuis lors,
chaque jour nous montre les sectionnaires à l'œuvre
pour préparer un attentat.

C'est, en 1836, la découverte d'une fabrique de poudre
pour le compte et sous la direction des chefs de cette
société, *Barbès* et *Blanqui ;* c'est, à cette même époque,
l'arrestation de ces deux hommes dans le même logement, et la saisie, en leur possession, des listes de la
société qu'ils dirigent. C'est, depuis lors, et presque
quotidiennement jusqu'au commencement de 1837, de
nouvelles saisies d'armes et de munitions, qui attestent
l'activité toujours croissante des conspirateurs.

A cette dernière époque, où l'ordonnance d'amnistie
vint répondre à une pensée générale de conciliation qui
dominait dans le pays, les éternels ennemis de notre
repos, invariables dans leur ardente hostilité, mais comprenant toutefois qu'ils étaient réduits à leurs propres
forces, et que l'attentat à main armée leur était inter-
dit, organisèrent des presses clandestines, et s'efforcè-
rent, par des publications nombreuses, de soulever toutes

les mauvaises passions. C'est alors qu'on vit apparaître ces pages monstrueuses qui dépassent, par leur violence démagogique, par le cynisme du fond et de la forme, par les furibondes colères dont chaque ligne est empreinte, tout ce que la presse des plus mauvais jours de la Terreur a jamais produit de plus atroce.

On s'est efforcé, Messieurs, dans le cours de ces débats, de répudier la responsabilité de ces écrits; mais il faut cependant que nous vous rappelions deux circonstances dont la gravité ne vous aura pas échappé.

Barbès, au mois de juillet 1835, habitait un logement qu'il quitta peu de temps après, et où une perquisition fit saisir une pièce qui ne lui permet pas assurément de repousser la solidarité des doctrines du *Moniteur de la république.*

Vous le savez, Messieurs, c'est ce mois de juillet 1835 qui a été si douloureusement marqué par le sanglant attentat de *Fieschi*.

Voici la pièce qui est écrite de la main même de l'accusé *Barbès :*

« Citoyens,

« Le tyran n'est plus : la foudre populaire l'a frappé; exterminons maintenant la tyrannie. Citoyens, le grand jour est levé, le jour de la vengeance, le jour de l'émancipation du peuple. Pour les réaliser, nous n'avons qu'à vouloir; le courage nous manquerait-il? Aux armes! aux armes! Que tout enfant de la patrie sache qu'aujourd'hui il faut payer sa dette à son pays! »

La foudre populaire! C'est ainsi que cet homme qualifie la machine de l'infâme *Fieschi.*

Vous le comprenez, Messieurs, cette pièce a été écrite avant le crime; et il faut ici rappeler cette décla-

ration de *Pépin,* que *Blanqui,* l'intime ami de *Barbès,*
avait reçu sa confidence. Elle ne pouvait être écrite
plus tard, car toute la France savait alors que la Pro-
vidence avait sauvé les jours du Roi.

Barbès était donc le confident de cet épouvantable
complot; et, s'il n'en a pas été le complice, il en a du
moins été l'adhérent: il comptait sur le succès de l'attentat pour désigner et frapper de nouvelles victimes.
« Citoyens, le grand jour est levé, le jour de la ven-
« geance ! » Ce mot de vengeance, ce mot odieux,
nous le retrouvons dans chacun des écrits de cet accusé.

Certes, l'auteur d'une telle pièce, celui qui l'a écrite
dans la vue du crime qu'il connaissait à l'avance, est
mal fondé à repousser, comme indigne de lui, la responsabilité des prédications sanguinaires du *Moniteur*
républicain.

Mais, d'un autre côté, Messieurs, vous savez que,
par une sorte d'audacieuse insulte à la justice, un neu-
vième numéro de ce dégoûtant pamphlet a presque
immédiatement suivi la condamnation des huit premiers. Jetons les yeux sur quelques lignes de cet écrit,
et nous verrons que son auteur réclame une part dans
les attentats des 12 et 13 mai, dont *Barbès,* de son
propre aveu, est l'un des principaux coupables. L'article a pour titre la date de l'attentat dont il rend compte.

12 Mai 1839.

«Il y a un mois à peine, nous avons voulu traduire
«nos principes en action; l'idée a voulu devenir un
«fait : mais, cette fois encore, nous avons échoué; la
«royauté enregistre un triomphe de plus; cette fois en-
«core nous ne sommes que des anarchistes, de lâches
«pillards, des brigands sans foi ni loi.

« Oui, les 12 et 13 mai, quelques-uns des nôtres ont
«été vaincus, mais par le nombre. Que MM. les mo-
«narchistes ne croient pas en avoir fini avec nous; qu'ils
« ne croient pas que cette tentative soit notre dernier mot!
« Si quelques hommes sont tombés sous leurs balles, nos
«rangs n'en sont pas plus éclaircis pour cela; au con-
«traire!»

L'article se termine par un paragraphe qui com-
mence ainsi : « Jetons, en finissant, quelques fleurs sur
«les tombeaux de nos nouveaux martyrs. »

La solidarité, disons mieux, la complicité, elle est
ici avouée; et, il faut bien le dire, cet aveu est surabon-
dant, car l'identité des moyens et du but, l'égale perversité des uns et des autres, le sang demandé par le
Moniteur républicain, le sang versé par les assassins du
mois de mai, tout annonce, tout prouve qu'il y a là une
seule et même pensée.

Enfin, quoi qu'on puisse dire à cet égard, il faut bien
cependant que les chefs de la société des Familles ac-
ceptent la responsabilité d'une pièce dont la publication
coïncide avec celle du *Moniteur républicain*, et qui
a pour but de faire connaître aux affiliés la réorganisation de la société même qu'ils dirigent. Nous voulons parler de l'*ordre du jour des phalanges démocra-
tiques*.

Ce document, Messieurs, passera sous vos yeux : vous
y verrez que le comité annonce aux sectionnaires que
les *familles* s'appelleront désormais *peloton, nom plus
clair et plus significatif;* vous y trouverez l'énuméra-
tion des causes qui, d'après le comité, ont fait échouer
toutes les tentatives révolutionnaires, notamment « ces
«insurrections *purement défensives ,* dans lesquelles
«l'ardeur des soldats de la république s'est inutilement

« consumée, par le défaut d'organisation dans le parti « républicain, et par le manque de dévouement dans « les chefs. »

« Un autre effet, ajoute le comité, de ces déplorables « fautes, c'est que nombre de républicains, voyant « ainsi les chefs manquer à leur devoir, imaginèrent à « plusieurs reprises de se défaire du tyran principal. « *A part tout ce qu'avaient de louable leurs projets,* il « n'y avait pas de vrai succès à espérer; car ce n'est « pas tout de tuer le tyran, il faut encore anéantir la « tyrannie, et l'on ne pouvait, et l'on ne peut encore « obtenir ce résultat qu'au moyen de l'union de tous les « républicains..... Aussi le comité, touché de l'insuffi- « sance et du danger des attaques isolées, se réserve-t-il « expressément la direction des coups que la Société doit « porter pour obtenir ce double résultat. Aucun section- « naire ne pourra rien tenter contre la tyrannie et contre « les tyrans sans son ordre formel. Couper une tête à « l'Hydre, c'est très-bien; mais ce serait mieux de l'écra- « ser tout entière. »

Plus loin, le comité s'impose à lui-même le devoir de provoquer et de saisir le moment propice de l'insurrec- tion : « Nous voulons tous, dit-il, une révolution radi- « cale et sociale.... Le peuple et les travailleurs, produi- « sant tout, ont droit exclusif à tout. »

C'est dans le formulaire annoncé par cet ordre du jour, et saisi en même temps, que le comité fait prêter au récipiendaire le serment *d'abattre la tyrannie, et de contribuer au triomphe de l'égalité des conditions so- ciales, fondée sur le partage égal de tous les produits de la terre et de l'industrie;* il lui impose l'obligation *de se procurer des armes, de faire de la propagande*

6

écrite et verbale, et de rechercher surtout les liaisons avec l'armée.

Ainsi, c'est le comité de la *Société des Familles* qui parle, c'est lui qui décerne ses éloges à toutes les pensées de régicide, et qui n'a de blâme que pour l'isolement dans l'exécution, parce qu'*il ne suffit pas de tuer le tyran, mais qu'il faut abattre la tyrannie;* c'est lui qui se réserve la direction des coups que la Société doit porter pour obtenir ce double résultat, et qui arrête, en conséquence, qu'aucun sectionnaire ne pourra rien tenter contre la tyrannie et contre les tyrans sans son ordre formel; c'est lui, enfin, qui, blâmant les insurrections purement défensives, trace ainsi par avance le programme des attentats des 12 et 13 mai dernier.

Depuis cette époque, c'est-à-dire depuis les premiers mois de 1838, nous voyons la *Société des Familles*, dont les rangs se sont grossis par les doubles efforts de la presse clandestine et de la propagande verbale, s'occuper avec une nouvelle activité de la fabrication des munitions de guerre. Plusieurs dépôts de cartouches sont successivement saisis, et les détenteurs font connaître qu'ils ont été affiliés à une société secrète, et qu'on les a mis en rapport avec *Martin Bernard.*

Il est temps de rappeler ici, en présence surtout des déclarations de l'accusé principal, l'organisation et les doctrines de la *Société des Familles* ou *des Saisons*. C'est le comité de cette association, on vous l'a dit, Messieurs, qui a préparé et décidé l'attaque; c'est l'association qui, sous ses ordres, a réalisé l'attentat : il importe donc de retracer ici les statuts de cette Société, de faire connaître l'organisation dernière qu'elle avait reçue sous le nom de *Saisons,* de montrer, par les pièces qui

émanent d'elle-même, quels sont les principes dont elle
espérait le succès par la révolte.

La plus petite subdivision de la Société se compose
de six hommes et d'un chef qui forment une *Semaine,*
dont ce chef est le *Dimanche.* Quatre *Semaines* réunies
composent un *Mois,* placé sous la direction d'un chef
plus élevé nommé *Juillet.* Trois *Mois* forment une
Saison, commandée par un chef supérieur nommé
Printemps; quatre *Saisons* réunies, enfin, forment une
Année commandée par l'un des chefs suprêmes de
l'association, par l'un des membres du comité, sous le
nom d'*Agent révolutionnaire.*

Les trois membres du comité ou conseil exécutif,
Barbès, Martin Bernard et *Blanqui,* étaient connus
des sectionnaires, non comme membres du comité,
mais comme agents révolutionnaires; et le règlement
de la Société portait, en effet, que le comité restait
inconnu, mais qu'au moment du combat il était tenu
de se faire connaître. C'est là ce qui explique par avance
l'une des charges les plus graves que l'instruction ait
fait peser sur *Martin Bernard.*

Telle était l'organisation de la *Société des Saisons*
dirigée par *Barbès, Martin Bernard* et *Blanqui ;*
et, quand nous rappellerons bientôt à la Cour les
préparatifs immédiats et la marche de l'insurrection,
il deviendra plus évident encore que, pour arriver à de
tels résultats, il ne fallait rien moins que la hiérarchie
et la discipline d'une organisation presque militaire et
depuis longtemps pratiquée.

Maintenant, Messieurs, les principes et le but de
cette association vous sont déjà connus : qu'il nous soit
permis toutefois de vous les rappeler en remettant sous
vos yeux quelques-uns des passages d'une pièce écrite

6.

tout entière de la main de *Barbès*, et qui n'est autre chose que le formulaire de la réception des membres de la Société qu'il dirigeait.

«Le récipiendaire est introduit les yeux bandés.

«Le prés.... au présentateur : Quel est le nom du nouveau frère que tu nous amènes ?

«Au récipiendaire : Citoyen (le nom), quel est ton âge, ta profession, le lieu de ta naissance, ton domicile? quels sont tes moyens d'existence?

«As-tu réfléchi sur la démarche que tu fais en ce moment, sur l'engagement que tu viens de contracter? Sais-tu bien que les traîtres sont frappés de mort?

«Jure donc, citoyen, de ne révéler à personne rien de ce qui se passera dans ce lieu.

«Le prés... fait les questions suivantes : Que penses-tu de la royauté et des rois ?

«Qu'elle est exécrable; que les rois sont aussi funestes pour l'espèce humaine que les tigres pour les autres animaux.

«Quels sont maintenant les aristocrates ?

«L'aristocratie de naissance a été détruite en juillet 1830; maintenant les aristocrates sont les riches, qui constituent une aristocratie aussi dévorante que la première.

«Faut-il se contenter de renverser la royauté?

«Il faut détruire les aristocraties quelconques, les priviléges quelconques ; autrement ce ne serait rien faire.

«Que devons-nous mettre à la place?

«Le gouvernement du peuple par lui-même, c'est-à-dire la république.

«Ceux qui ont des droits sans remplir les devoirs, comme maintenant les aristocrates, font-ils partie du peuple?

« Ils ne devraient point en faire partie; ils sont pour le corps social ce qu'est un cancer pour le corps humain : la première condition du retour du corps à la santé, c'est l'extirpation du cancer; la première condition du retour du corps social à un état juste est l'anéantissement de l'aristocratie.

« Immédiatement après la révolution, le peuple pourra-t-il se gouverner lui-même?

« L'état social étant gangrené, pour passer à un état sain, il faut des remèdes héroïques : le peuple aura besoin, pendant quelque temps, d'un pouvoir révolutionnaire.

«En résumé, quels sont donc tes principes?

«Qu'il faut exterminer la royauté et toutes les aristocraties, substituer à leur place la république, c'est-à-dire le gouvernement de l'égalité; mais, pour passer à ce gouvernement, employer un pouvoir révolutionnaire qui mette le peuple à même d'exercer ses droits.

«Citoyen, les principes que tu viens d'énoncer sont les seuls justes, les seuls qui puissent faire marcher l'humanité vers le but qui lui est fixé; mais leur réalisation n'est pas facile. Nos ennemis sont nombreux et puissants; ils ont à leur disposition toutes les forces sociales : nous, républicains, notre nom même est proscrit; nous n'avons que notre courage et notre bon droit. Réfléchis, il en est temps encore, sur tous les dangers auxquels tu te voues en entrant dans nos rangs. Le sacrifice de la fortune, la perte de la liberté, la mort peut-être, es-tu décidé à les braver?

« Ta réponse nous est la preuve de ton énergie. —
Lève-toi, citoyen, et prête le serment suivant :

« Au nom de la république, je jure haine éternelle
à tous les rois, à tous les aristocrates, à tous les oppresseurs de l'humanité. Je jure dévouement absolu
au peuple, fraternité à tous les hommes, hors les aristocrates; je jure de punir les traîtres; je promets de
donner ma vie, de monter même sur l'échafaud, si
ce sacrifice est nécessaire pour amener le règne de la
souveraineté du peuple et de l'égalité.

« Le prés... lui met un poignard à la main.

« Que je sois puni de la mort des traîtres, que je
sois percé de ce poignard si je viole mon serment! Je
consens à être traité comme un traître, si je révèle la
moindre chose à quelque individu que ce soit, même
à mon plus proche parent, s'il n'est point membre de
l'association.

« Le prés... : Citoyen, assieds-toi ; la Société reçoit
ton serment; maintenant tu fais partie de l'association,
travaille avec nous à l'affranchissement du peuple.

« Citoyen, ton nom ne sera point prononcé parmi
nous, voici ton numéro d'inscription dans l'atelier.
— Tu dois te pourvoir d'armes, de munitions. — Le
comité qui dirige la Société restera inconnu jusqu'au
moment où nous prendrons les armes. — Citoyen, un
de tes devoirs est de répandre les principes de l'association. — Si tu connais des citoyens dévoués et discrets,
tu dois nous les présenter.

« Le récipiendaire est rendu à la lumière. »

Ainsi, vous le voyez, Messieurs, ce que veulent ces
hommes, c'est moins encore une révolution politique
qu'une révolution sociale; on signale la royauté à la

haine, le Roi à la vengeance; on fait appel aux plus violentes passions pour exterminer ce qu'on nomme les aristocraties, c'est-à-dire la richesse, sous quelque forme qu'elle se produise : le gouvernement qu'on veut réaliser, en définitive, c'est bien la république; mais, avant tout, *il faut des remèdes héroïques; le peuple a besoin, pendant quelque temps, d'un pouvoir révolutionnaire.*

Il est donc évident que les moyens qu'on veut employer après le succès de la révolte, c'est la terreur, par l'assassinat organisé contre ceux qu'on appelle les aristocrates, *les hommes d'argent, banquiers, fournisseurs, monopoleurs, gros propriétaires, agioteurs, les exploiteurs qui s'engraissent aux dépens du peuple, les riches* en un mot, par opposition à ceux qu'on appelle les prolétaires.

Aussi on a soin de *jurer fraternité à tous les hommes, hors les aristocrates,* dont on vient de nous donner une définition qu'on n'accusera pas assurément d'être restrictive. Le but, c'est d'établir *l'égalité des conditions sociales, fondée sur le partage égal de tous les produits de la terre et de l'industrie :* le but, c'est donc la rapine, le vol organisé comme l'assassinat par la loi révolutionnaire.

Les réflexions se présentent en foule à la lecture d'un tel document; on se demande d'abord si ceux qui ont rêvé ces odieuses et chimériques utopies ont été les premières dupes de leur imagination malade, si c'est là l'œuvre d'une démence furieuse ou d'une profonde et détestable perversité.

Mais on reconnaît bientôt dans ce programme les précautions d'un faux langage qui décèle une hypocrisie sans exemple. Ainsi, ce n'est pas une profession de foi libre et spontanée qu'ils demandent à leurs adeptes, c'est une obéissance passive et une foi aveugle qu'ils leur imposent; ils dictent, tout ensemble, les questions et les réponses, et formulent à l'avance l'adhésion servile qu'ils exigent.

Ces amis de la liberté veulent des remèdes héroïques; ces républicains incorruptibles aspirent à la dictature : sous le prétexte menteur de faire cesser dans notre pays, le plus libre du monde, et sur notre terre d'égalité, ce qu'ils appellent l'exploitation des classes pauvres, ils ne veulent que faire peser sur elles le joug humiliant de leur égoïsme et de leur cupidité. *Le peuple a besoin, pendant quelque temps,* disent-ils, *d'un pouvoir révolutionnaire;* et ils se chargeraient, soyez-en sûrs, de lui en faire subir les rigueurs.

Il faut le dire, Messieurs les Pairs : quand on voit que de tels hommes et de telles idées peuvent troubler et ensanglanter, en quelque sorte périodiquement, notre pays; quand la France, cette grande nation, si intelligente, si justement fière d'elle-même, est incessamment tenue en échec par le fanatisme insensé de quelques hommes, qui n'entraînent à leur suite que ce qu'il y a de plus inepte dans l'ignorance, de plus désordonné dans le vice, de plus implacable dans la cruauté, on serait pénétré d'une profonde et douloureuse humiliation, si l'on ne se disait, après tout, que le droit et la puissance réunis ne sont pas toujours une garantie suffisante contre l'embuscade et le guet-apens.

C'est, Messieurs, cette impossibilité de prévoir ces soudaines agressions qui a rendu possible et qui vous explique l'attentat du 12 mai. *Barbès* a pris le soin de vous le dire, les sectionnaires avaient été convoqués à heure fixe (deux heures et demie), dans le quartier Saint-Martin, pour passer une revue des chefs, à qui la prudence avait commandé de laisser ignorer le but réel, le secret de la convocation. Ainsi, jusqu'au moment où le cri : *Aux armes !* proféré par les chefs de l'association, s'est fait entendre, trois personnes seulement, les trois membres du comité, savaient que le Gouvernement et les lois allaient être attaqués à force ouverte.

Ce point est grave, car il répondait par avance à des insinuations qui ont été faites, mais dont le caractère est si odieusement absurde que nous ne voulons pas même les relever.

Tout avait été préparé pour l'attaque par les chefs du mouvement : des caisses de cartouches avaient été apportées, depuis deux jours, dans le voisinage du magasin d'armes des frères *Lepage,* qu'on devait piller avec violence pour armer les insurgés ; une caisse renfermant des haches, des pistolets d'arçon et des écharpes rouges, est ouverte par quelques-uns des meneurs, qui distribuent le contenu aux sectaires, et le magasin d'armes est envahi à l'aide d'escalade et d'effraction ; bientôt quelques centaines de fusils et de pistolets, des boîtes de capsules en grand nombre, sont en la possession des révoltés, qui reçoivent de la main des chefs les cartouches qui avaient été apportées par leurs soins.

Nous ne vous retracerons pas, Messieurs, les scènes diverses, nombreuses, mais presque toutes également atroces, dont l'ensemble constitue l'attentat que vous avez à juger : nous suivrons la marche de la révolte, pour suivre avec elle, à sa tête ou dans ses rangs, les accusés dont nous nous sommes chargé de vous présenter la situation judiciaire telle que l'instruction et les débats l'ont établie.

Le premier, non assurément par la gravité de l'ac-

7

cusation et des charges, mais par la date et par l'ordre des faits qui lui sont imputés, c'est l'accusé *Bonnet.* Nous vous rappellerons donc succinctement, Messieurs, les charges qui pèsent sur cet accusé.

Bonnet est un jeune homme de 28 ans, Suisse d'origine, exerçant à Paris la profession de graveur; il occupait, rue Bourg-l'Abbé, n° 16, un logement en commun avec les nommés *Doy* et *Georges Meillard,* ses compatriotes, tous deux ses coaccusés dans cette affaire.

Au moment où l'insurrection venait d'éclater rue Bourg-l'Abbé, deux hommes descendirent du logement de *Bonnet* une caisse remplie de cartouches, qui fut ouverte par l'un d'eux; les cartouches furent distribuées par l'un de ces deux hommes aux insurgés qui les entouraient. Voilà le fait saillant à la charge de *Bonnet,* car *Bonnet* et *Georges Meillard* sont les deux hommes qui ont descendu cette malle.

Bonnet prétend qu'il ignorait ce que renfermait la malle apportée chez lui par les ordres de *Meillard;* mais le contenu de cette malle, de son propre aveu, lui était, du moins, fort suspect. Toutefois, nous voyons *Bonnet,* lorsque déjà les cris : *Aux armes!* se sont fait entendre, lorsque les insurgés pénètrent, par la violence, dans les magasins d'armes des frères *Lepage,* descendre cette caisse avec *Meillard,* l'un des chefs de l'attentat, et, au dire de l'un des témoins, assister à la distribution que fait cet accusé des cartouches dont la malle était remplie.

Messieurs, ce fait est grave : si *Bonnet* a reçu sciemment dans son domicile les munitions qui devaient, quelques heures plus tard, armer les révoltés; si, au moment de l'insurrection, il les apporte dans la rue pour les remettre aux insurgés, *Bonnet* a pris à l'attentat une part d'autant plus coupable qu'il le connaissait à l'avance, et qu'il en facilitait l'exécution.

L'instruction, Messieurs, a-t-elle établi, sous ce rapport, la culpabilité de *Bonnet*, c'est là ce qu'il vous appartient de décider : nous devons vous rappeler les principales circonstances qui donnent au fait incontestable de la caisse de munitions un caractère bien sérieux de gravité.

Bonnet est intimement lié avec *Meillard* et *Doy*, qui tous deux logeaient avec lui, qui tous deux ont quitté leur domicile depuis le jour de l'insurrection, qui tous deux sont en accusation devant vous.

Meillard, notamment, était l'un des chefs avoués de la *Société des Saisons*, et la proclamation des révoltés, dont nous aurons l'occasion de parler tout à l'heure, le désigne aux sectionnaires comme l'un des commandants de division de l'armée républicaine.

Comment admettre que, dans son intimité avec ces deux hommes, *Bonnet* ait reçu chez lui la caisse de munitions, sans connaître le contenu de cette caisse? Comment l'admettre surtout, quand c'est après les cris : *Aux armes!* au milieu de l'envahissement des magasins de *Lepage* qui s'accomplissait sous ses yeux, que *Bonnet* apporte la caisse avec *Meillard*, l'un des chefs principaux du mouvement insurrectionnel?

Est-ce que l'air, les paroles, les actes de *Meillard*, à cet instant fatal, n'ont pas dû tout apprendre à son ami? Vous apprécierez ces circonstances, Messieurs; nous ajouterons cependant que, dans la nécessité de rendre compte de l'emploi de son temps pendant la journée du 12 mai, *Bonnet* est forcé de reconnaître qu'il s'est successivement trouvé sur plusieurs des

7.

points attaqués par les insurgés au moment de ces attaques. Ainsi, vous l'avez vu, rue Bourg-l'Abbé, jouant un rôle important au moment du pillage des armes; vous le retrouvez rue Saint-Martin, *où le bruit commençait,* dit-il; puis, au marché Saint-Jacques, *où la fusillade s'engageait.* D'un autre côté, le témoin *Lamirault,* le tambour du poste de l'Hôtel de Ville, le reconnaît pour l'avoir vu dans la bande qui s'est emparée de ce poste.

Enfin, le soir, il se retrouve à point nommé pour donner à *Georges Meillard,* blessé dans les barricades, les soins que réclame sa position.

Il vous appartient de décider si toutes ces circonstances ne viennent pas confirmer, comme nous le pensons, les présomptions si graves qui résultent du fait principal rappelé par nous en commençant.

Mais il est temps, Messieurs, d'entrer plus avant dans notre tâche, et d'aborder la partie de cette accusation relative à l'un des deux principaux accusés : à *Barbès,* qui se rattache de toutes parts à l'attentat, et qui semble résumer en lui seul toutes les phases de la révolte.

Nous ne reproduirons pas devant vous le récit exact, que vous a présenté M. le rapporteur, des antécédents judiciaires de cet accusé; nous nous bornerons à rappeler que l'ordonnance d'amnistie a ouvert à *Barbès* les portes de la prison, vous laissant le soin d'apprécier comment il a reconnu cet acte de clémence et de pardon.

Deux chefs d'accusation s'élèvent contre *Armand Barbès :* le premier, et le plus grave, c'est l'attentat qui, dans son exécution, comprend le fait de l'assassinat.

Avons-nous besoin de rappeler ici, sur le premier chef d'accusation, tous les faits établis par l'instruction et les débats, alors que l'accusé a tout avoué devant vous et s'est audacieusement glorifié du crime énorme qu'il a commis ?

Nous le ferons succinctement : mais nous devons le faire, car il importe que nous signalions ici la tactique qui a dicté ce système de défense.

Armand Barbès a refusé toutes réponses dans l'instruction écrite; aux débats il refuse de subir l'interrogatoire; il déclare qu'il était l'un des principaux chefs de la *Société des Saisons,* qu'il avait préparé l'attentat, qu'il a convoqué les sectionnaires sous le prétexte d'une revue, mais en réalité pour l'exécution du crime; qu'il a donné le signal du combat, distribué les munitions, excité au pillage des armes; qu'il s'est mis à la tête d'une bande, qu'il a tiré sur les troupes, et qu'il n'a quitté les barricades qu'à la suite des blessures qu'il avait reçues; puis il proteste qu'il n'a point assassiné le lieutenant *Drouineau : il n'est ni capable, ni coupable d'un tel crime,* vous dit-il; mais il refuse de s'expliquer à cet égard, et déclare qu'il ne veut point se défendre.

Messieurs, votre conviction sur la culpabilité de *Barbès,* comme auteur de l'attentat, n'avait assurément pas besoin de cet aveu pour s'établir et se fonder. *Barbès,* c'est lui qui, deux jours avant le crime, fait apporter chez la dame *Roux* les cartouches qu'il distribuera, le 12 mai, aux insurgés; c'est lui qui convoque les sectionnaires; et le billet saisi sur le cadavre de *Maréchal* en est la preuve positive; c'est lui qui, après le pillage des armes, prend le commandement des insurgés, et le témoin *Cahez* le voit à la tête de la bande,

un fusil de chasse à la main, criant : *Aux armes!
vive la république!* prenant la direction de la Cité et
se rendant au Palais de Justice. L'instruction le retrouve au marché Saint-Jean, et *Nouguès,* à cette
audience même, où il recule devant ses déclarations
relatives à *Martin Bernard,* persiste à dire qu'il a vu
Barbès au marché Saint-Jean : vous savez, Messieurs,
que les derniers efforts de la révolte se sont con-
centrés rue Grenétat; *Barbès* était là encore, et il est
arrêté blessé, la bouche et les mains noircies par la
poudre.

Ainsi, la preuve était acquise contre cet accusé,
et nous ne devons rien à ses aveux. Mais *Barbès,*
feignant de se méprendre sur la véritable gravité de
son crime, s'efforce, par ses aveux sur l'attentat, de
donner du poids et de l'autorité à ses dénégations
sur l'assassinat, sans paraître comprendre que son silence calculé, que ses refus de répondre à la justice,
qu'il qualifie de refus de défense, viennent, au contraire, donner une importance nouvelle aux charges
déjà si graves de l'accusation.

Est-ce donc sérieusement, Messieurs, qu'en refusant
toute réponse à la justice, qu'en se dispensant prudem-
ment de toute explication demandée, on vient vous dire
qu'on dédaigne de se défendre, alors cependant qu'on
se présente assisté de deux défenseurs, dont on ne
contestera point et le zèle et l'habileté?

Non, *Barbès,* vous ne refusez pas de vous défendre,
et, en cela, vous avez raison; mais, si vous refusez
habilement les réponses qui pourraient vous embar-
rasser; si vous n'acceptez pas une discussion qui
pourrait vous convaincre, ne nous donnez pas, du

moins, cette prudente tactique pour la résignation du martyr.

Vous êtes un vaincu, traduit, dites-vous, devant ses ennemis politiques.

Ainsi, en présence même de la justice, vous êtes encore en insurrection contre les lois : vos paroles ne sont que la conséquence des crimes qui vous sont imputés; il n'y a pas de malfaiteur qui, chaque jour, ne puisse tenir un tel langage devant les tribunaux du pays, car il n'y a pas de crime qui ne soit une révolte contre les lois.

Sous les yeux de vos juges, vous vous posez en prisonnier de guerre; et de quelle guerre, nous vous le demandons? Sont-ce des ennemis, ces malheureux soldats confiants au milieu de leurs concitoyens, qu'ils sont chargés de protéger et de défendre? Sont-ce des ennemis, ces gardes nationaux qui se dévouent à la paix publique? Egorger subitement les uns, abattre les autres à l'improviste et lâchement, à la faveur d'une embuscade, vous osez appeler cela guerre! Mais c'est déshonorer la guerre que d'en souiller ainsi le nom, en en décorant le plus odieux, le plus infâme des guets-apens!

Vous vous appelez soldat du peuple! Mais quoi! ces commerçants que vous pillez et dont vous troublez et vous ruinez l'industrie ; ces soldats, enfants du peuple, ces citoyens, armés pour l'ordre public, sur lesquels vous faites feu au milieu des rues, et que vous égorgez en pleine paix, sous les yeux et au milieu de leurs familles, n'est-ce donc pas là le peuple? N'y a-t-il de peuple pour vous que les malfaiteurs de toute nature, qui, soit paresse, soit stupide et aveugle entraînement, soit perversité, refusent de parvenir par

les voies ouvertes à tous les citoyens, et veulent acqué-
rir tout, et tout à coup, par le vol et la violence ? Malfaiteurs effrontés, dont le mobile est une avide et noire envie,
dont le but est le pouvoir et la fortune, dont les moyens
sont la révolte, le pillage et l'assassinat! Ah! Messieurs, quand la loi nous a donné l'austère mission de
poursuivre le crime, et d'en demander la répression; si,
dans l'accomplissement de cette pénible tâche, nous
éprouvons souvent le besoin de tempérer et d'adoucir
notre indignation par la pitié, ce n'est pas lorsque le
crime se pose audacieusement devant nous; ce n'est pas
lorsqu'il s'aggrave lui-même, par une théorie perverse
et absurde; ce n'est pas lorsque, cherchant sa justification dans son principe, il insulte fièrement à la civilisation et aux lumières, par les maximes de la barbarie!
Vous livrez, dites-vous, votre tête, comme le sauvage
à ses ennemis! Oui, vous vous rendez justice; vous
prenez le rang qui vous appartient; vous vous placez
comme il convient, en dehors de la civilisation et de
toutes les relations sociales; mais n'oubliez pas cependant que vous êtes ici en présence de la plus haute justice du pays, et que votre exaltation sauvage et vos
crimes barbares seront jugés selon les lois sociales et
humaines.

Messieurs, si le sentiment de la défense personnelle
ne nous avait pas expliqué les paroles de *Barbès,* nous
en serions réduit à chercher encore et leur sens et
leur portée. Par quel inconcevable égarement d'esprit,
par quelle étrange illusion, celui qui se proclame le
principal auteur de l'attentat, celui qui déclare l'avoir
préparé, organisé, exécuté, celui qui se place de
lui-même à la tête des bandes d'insurgés, qui se vante
d'avoir fait le coup de feu contre la troupe, recule-t-il

devant la responsabilité d'un acte isolé, qui, quelque odieux qu'il puisse être, n'a rien de plus grave assurément que les scènes nombreuses et diverses du crime dont il n'est qu'un épisode?

Comment! vous avez tout préparé, tout organisé, tout exécuté, et vous croyez avoir moins fait par là qu'en commettant vous-même un meurtre? — Savez-vous bien que vingt militaires ont été tués; que soixante autres soldats ont été plus ou moins grièvement blessés par vos ordres? Vous auriez, dites-vous, donné à *Drouineau* sa part de champ et de soleil? Mais, si les débats nous permettaient de vous accorder que vous n'êtes pas le meurtrier de *Drouineau,* est-ce que nous ne serions pas encore en droit de vous dire que vous commandiez à cette attaque, que le feu a été dirigé par vos ordres? et nous demanderions alors au chef comment il entend repousser la responsabilité de l'acte qu'il a ordonné.

Mais, en vérité, Messieurs, à qui prétend-on en imposer par de telles protestations? Qui donc voudra croire que le rassemblement armé qui se dirige, sous les ordres de *Barbès,* vers le poste du Palais de Justice, qui charge les armes avant d'aborder les militaires (deux témoins le déclarent), qui donc voudra croire que ce rassemblement s'approche avec des intentions pacifiques? Est-ce que les paroles adressées par le chef de la bande au chef du poste : *Vos armes ou la mort!* n'impliquaient pas nécessairement la sanction sanglante qui les a suivies? Est-ce que cette odieuse exécution n'est pas la plus complète démonstration de la préméditation qui l'a précédée? Comment donc le chef de cette bande d'insurgés, comment celui qui a prononcé les paroles menaçantes si promptement et si cruellement

8

⌐réalisées, vient-il essayer de rejeter sur ses agents la responsabilité qui lui appartient? Est-ce qu'il oublie, lui
qui se vante en quelque sorte d'avoir pris part aux
scènes principales de l'attentat, qu'elles ont présenté
partout le même caractère, le caractère odieux du guet-
apens et de l'assassinat? Qu'est-ce donc que cette atroce
exécution du marché Saint-Jean, où sept militaires
sans défense sont égorgés par une bande de furieux?
où l'un de ces soldats, qui respirait encore, reçoit à
terre un coup de hache qui lui ouvre le crâne? où un
autre, qui avait eu l'insigne bonheur d'échapper à ce
massacre général, reçoit plusieurs coups de fusil par
derrière, après avoir été désarmé, et au moment où il
veut se réfugier dans le corps de garde?

Disons-le donc, Messieurs, avant d'aborder la discussion relative à l'imputation directe d'assassinat; en
développant cette partie de l'accusation, nous ne pré-
tendons rien ajouter à la culpabilité de *Barbès.* C'est,
en effet, l'attentat qui est le crime principal de cet accusé; c'est le succès de cet attentat qu'il voulait avant
tout, et c'est la préoccupation exclusive de ce but qui a
étouffé en lui tout sentiment moral, fait taire le cri
de la conscience, et légitimé pour lui tous les moyens.
Toutefois il importe de constater les résultats acquis
par l'instruction.

Et, d'abord, *Barbès* n'était-il pas le chef qui commandait et dirigeait le rassemblement qui s'est porté
vers le poste du Palais de Justice? A cet égard, le doute
n'est pas même possible; les témoins ont tracé l'itinéraire suivi par cette bande, à la tête de laquelle le
témoin *Cahez* a vu *Barbès;* il a donné de cet accusé
le signalement le plus positif, et, dans l'instruction
comme aux débats, il l'a reconnu sans hésitation. Cette

bande, qui suivait alors la rue des Arcis, se dirigeait vers la Cité, par conséquent vers le marché aux Fleurs.

Cependant, nous nous attendons à une objection qu'il importe d'écarter dès à présent. *Barbès*, au moment de son arrestation, le 12 mai, vers huit heures du soir, était coiffé d'un chapeau de paille, et l'homme qui commandait le rassemblement du Palais de Justice avait un chapeau noir. Nous allons prouver que *Barbès*, au commencement de l'insurrection, était coiffé d'un chapeau noir.

Rappelons-nous, Messieurs, la déposition si précise du témoin *Bertrand*. Ce témoin est le propriétaire de la maison dans laquelle habite la dame *Roux*, rue Quincampoix, n° 23. Vous savez que *Barbès*, et il convient de ce fait, avait fait apporter, le 9 mai, une malle de cartouches chez cette dame, dans la vue de l'insurrection du dimanche. Eh bien ! le témoin *Bertrand* déclare qu'immédiatement après le pillage des magasins *Lepage*, une bande d'insurgés, tous armés de fusils, se dirigea vers la rue qu'il habite. A la tête de cette bande d'insurgés était un jeune homme de vingt-huit à trente ans, de grande taille, ayant des favoris bruns, avec barbe entière sous le menton et des moustaches; il était vêtu d'une redingote de couleur foncée, et coiffé d'un chapeau noir. Sa figure est longue, dit le témoin avant la confrontation; son nez est droit et allongé; son corps est mince. Je le reconnaîtrais bien s'il m'était représenté. Il fit faire halte à la porte du témoin, qui est aussi celle de la dame *Roux*, en disant : « C'est là! » Puis il monta l'escalier avec douze ou quinze individus, fit enfoncer la porte de l'appartement occupé par la dame *Roux*, et descendre la malle, qui fut

8.

ouverte sous la porte cochère où se distribuèrent les cartouches.

Nous le demandons, Messieurs, était-il nécessaire que le témoin *Bertrand* reconnût positivement *Barbès* pour que nous fussions assurés qu'il ne pouvait parler d'un autre que de lui? Qui donc avait fait apporter la malle dans cette maison? *Barbès* n'était-il pas le seul qui pût conduire chez la dame *Roux,* et n'est-ce pas lui, de toute nécessité, qui a fait faire halte à ses hommes en leur disant : « C'est là! » puisque lui seul savait en effet que c'était là? Eh bien, le témoin *Bertrand* déclare que *Barbès* était coiffé d'un chapeau noir, et son témoignage est positivement confirmé par le témoin *Cahez.*

Si l'on nous demande comment nous expliquons ce changement de coiffure, nous répondrons d'abord qu'il est certain, et que cela devrait suffire; nous dirons ensuite qu'il s'explique naturellement par un fait matériel. *Barbès,* dans la soirée, a été blessé à la tête : il déclare lui-même qu'il est tombé à la renverse et qu'il est demeuré quelque temps sans connaissance. Comment donc s'étonner que son chapeau ait été changé; qu'il l'ait perdu dans une telle circonstance, et qu'il en ait reçu un autre de l'un de ses camarades? Cette objection détruite, et le fait du changement de chapeau constaté, rappelons-nous la scène du Palais de Justice telle que l'ont décrite les nombreux témoins qui en ont eu le douloureux spectacle.

Vous le savez, Messieurs, la bande d'insurgés, en quittant le pont Notre-Dame, suivait la rue du quai aux Fleurs du côté opposé à la rivière; le chef était à sa tête, un fusil à deux coups à la main. Le poste était sous les armes, en dehors du corps de garde; le chef des insurgés s'approche de l'officier et lui dit : « Rendez-

« vous, ou la mort; tous les postes sont à nous. » — Sur la réponse négative de ce brave et malheureux militaire, tous les témoins s'accordent à dire que le chef, qui s'était adressé au lieutenant, lui tira un premier coup de fusil qui ne l'atteignit point, parce que l'officier releva le fusil avec son sabre, mais qu'aussitôt ce même homme se recula de quelques pas, et d'un second coup l'étendit roide mort. Au même instant les insurgés firent feu sur le poste, et dix militaires tués ou blessés furent renversés par cette décharge. Résumons, Messieurs, car le point en discussion est grave, résumons les dépositions des témoins.

Les militaires qui composaient le poste du Palais de Justice et qui ont échappé au massacre, ont été tous entendus comme témoins, au nombre de huit. Tous affirment que c'est le chef des factieux qui s'est adressé à l'officier, et qui, sur son refus de rendre les armes, lui a tiré deux coups de fusil à bout portant. Voilà un fait certain, incontestablement établi par l'instruction et les débats : c'est le chef des insurgés qui a personnellement à se reprocher la mort de *Drouineau*. Si nous rappelons maintenant qu'*Armand Barbès* était le chef de cette bande, vous comprenez, Messieurs, quelle est la redoutable conclusion qui résulte de ce rapprochement.

Mais ce n'est pas tout; et les faits qu'il nous reste à rappeler donnent à cette conclusion une force invincible.

Et, d'abord, un fait saillant, c'est l'unanimité des témoignages et leur parfaite identité sur les caractères extérieurs, sur le signalement général de l'homme qui commandait le rassemblement.

Cet homme était grand, mince, vêtu d'une redingote courte de couleur foncée ; il avait des favoris, des moustaches et une longue barbe ; il était coiffé d'un chapeau noir ; il portait à la main un fusil à deux coups.

Ainsi, dès l'abord, nous constatons que ce signalement s'applique exactement à *Barbès;* et, en même temps, s'évanouissent les difficultés qui paraissaient résulter de l'incertitude de quelques témoins qui semblaient hésiter entre *Barbès* et *Delsade.*

Ce n'est pas seulement parce que la qualité de chef appartient certainement à *Barbès,* et non à *Delsade,* mais c'est encore parce qu'il est prouvé que *Delsade* était vêtu, le 12 mai, d'une blouse bleue, et coiffé d'une casquette : toute confusion disparaît donc, puisque l'unanimité des témoins signale pour vêtement une redingote courte boutonnée jusqu'en haut, et pour coiffure un chapeau noir.

Puisque nous parlons de cette confusion, qui n'a d'ailleurs été que passagère, il est essentiel que nous rappelions certaines circonstances qui nous paraissent avoir une réelle importance.

Lorsque *Delsade* a été représenté aux témoins, qui n'ont jamais affirmé le reconnaître, mais qui lui ont trouvé beaucoup de ressemblance avec l'assassin de leur officier, *Delsade* était couché. Ainsi les différences de costumes, les différences de taille, les différences d'ensemble avaient disparu, et il ne restait que l'aspect de la physionomie, qui, il faut bien le dire, présente des analogies frappantes avec la figure de *Barbès.*

Mais, Messieurs, lorsque ces deux accusés ont été représentés ensemble aux témoins, les dissemblances sont devenues saillantes, et vous avez entendu un témoin, le soldat *Gervaisy,* vous dire, en parlant de *Delsade :* « J'avais vu à la Conciergerie un homme qui res-

« semble beaucoup à l'assassin de *Drouineau;* mais ce
« ne peut pas être lui, car cet homme est vêtu d'une
« blouse, et l'assassin portait une redingote. »

Un autre soldat, *Paulin* (Victor), qui croit être sûr
que *Barbès* est l'assassin, ajoute qu'il n'avait pas la
barbe aussi noire que *Delsade.*

Un autre enfin, qui n'a jamais hésité dans la reconnaissance qu'il a faite de *Barbès*, a répondu, en voyant
Delsade : « Cet homme a la figure étroite comme celui
« qui était le chef de la bande qui a assailli le poste,
« mais il est moins grand, et je ne pourrais dire s'il
« en faisait partie. »

Mais il faut maintenant aborder les déclarations des
témoins qui achèvent et complètent la démonstration
de la culpabilité de *Barbès.*

Quatorze témoins qui ont assisté à la scène douloureuse du Palais de Justice ont été entendus à cette audience. L'un, le sieur *Gros,* n'a pas été témoin du col-
loque entre l'officier et le chef des insurgés : il faut
donc écarter son témoignage.

Un autre, le docteur *Levraud,* déclare qu'il ne peut
reconnaître personne : sa déposition reste donc sans intérêt.

Un troisième, le sieur *Vaillant,* a vu l'un des insurgés faire feu sur l'officier; ce n'était pas le chef de
la bande.

Nous ne répondrons pas à cette déposition en lui op-
posant tous les autres témoignages; nous nous bornerons à faire remarquer que le procès-verbal qui a constaté la mort du lieutenant *Drouineau* établit que cet
officier a reçu deux coups de feu. Il est donc certain que
le chef n'a pas tiré seul, et la déposition du sieur *Vaillant* n'établit pas autre chose.

Un quatrième témoin, le soldat *Lacquit,* ne sait qu'une chose, c'est que le chef de la bande, qui a tué son lieutenant, était grand, d'une taille élancée, qu'il avait des moustaches et une forte barbe; il croit pouvoir affirmer qu'il a vu *Delsade* dans la bande, mais il n'a pas assez regardé le chef pour le reconnaître.

Maintenant, Messieurs, six témoins, tous militaires, ayant fait partie du poste attaqué, les nommés *Gervaisy, Paulin, Bataille, Welghe, Huignard* et *Grosmann,* qui affirment unanimement que le chef des insurgés est l'assassin du lieutenant, déclarent en même temps qu'ils croient reconnaître *Barbès.* Sur cette reconnaissance ils sont tous plus ou moins affirmatifs, mais ils n'hésitent pas sur le premier point : c'est bien le chef de la bande qui a tiré deux coups sur l'officier; le second seul a porté.

Restent quatre témoins, tous quatre affirmatifs, mais dont les dépositions, toutefois, doivent être rappelées successivement.

Deux d'entre eux, les sieurs *Mesnage* et *Meunier,* ont fait, dans l'instruction et à l'audience, la déclaration la plus positive; ils n'éprouvent aucun doute; ils sont sûrs de reconnaître dans *Barbès* le chef qui commandait la bande d'insurgés, et qui a adressé la parole à l'officier *Drouineau.* L'un d'eux, le sieur *Mesnage,* avait éprouvé, lors de sa première confrontation avec *Barbès,* une vive et profonde émotion que le juge a cru devoir constater, et il a dit alors : « C'est bien là l'homme qui est entré en pourparlers avec l'officier; c'est un devoir pour moi, malgré la peine que j'éprouve, de le déclarer, et ce n'est que parce que j'y suis forcé par ma conviction que je fais une pareille déposition. »

Rapprochez, Messieurs, ces deux témoignages si

graves, si formels, des six dépositions que nous avons relevées, et qui ne sont pas moins affirmatives sur cet autre point, que c'est le chef de la bande qui a tué l'officier, après lui avoir demandé de rendre ses armes, et vous aurez la démonstration la plus claire, la plus complète de la culpabilité de *Barbès.*

Restent cependant deux témoins : l'un est le caporal *Conte*, qui n'hésite sur aucun point : il a tout vu, et il affirme non-seulement que c'est le chef de la bande qui est le meurtrier de *Drouineau*, mais que ce chef est *Barbès.*

L'autre, Messieurs, c'est le jeune *Marjolin*, cet enfant dont la défense a réclamé le témoignage : vous vous rappelez qu'il reconnaît *Delsade* et *Barbès*, mais qu'il distingue et qu'il déclare que celui qui a tué l'officier avait une redingote, et qu'il était plus grand que l'autre.

Tels sont les résultats de l'instruction et des débats : nous avons le droit de dire qu'ils sont concluants, décisifs, et que *Barbès* est convaincu du fait qu'il repousse et dont il dénie la responsabilité, comme il l'est de sa participation à l'attentat.

Et ici, qu'il nous soit permis de redire que, si nous avons mis tant d'insistance sur cette partie de la discussion, ce n'est pas assurément qu'à nos yeux elle soit nécessaire pour établir la culpabilité de *Barbès*, qui résulte avant tout de sa participation comme chef à l'attentat du 12 mai. Qu'importerait, en effet, Messieurs, en morale comme en justice, qu'il soit l'auteur personnel de l'assassinat, ou que ce crime ait été commis par ses ordres, sous sa direction, sous ses yeux, et qu'il en soit ainsi le complice? Il est certain que, dans

9

tous les cas, le sang versé, non-seulement au Palais de Justice, mais partout où il a dirigé sa bande, appelle sur sa tête la plus juste comme la plus redoutable responsabilité.

Faut-il maintenant discuter les témoignages qu'on a fait entendre à décharge?

Parlerons-nous des témoins appelés pour constater qu'une trentaine de sergents de ville en uniforme, accompagnés de quelques inspecteurs de police en bourgeois, sont sortis armés de la Préfecture de police, après l'attaque du Palais de Justice? Quel intérêt a ce fait dans l'accusation qui nous occupe, et comment qualifier les insinuations auxquelles il a donné lieu? Ce qui résulte de cette partie du débat, complétement étrangère aux faits de l'accusation, c'est qu'en effet, après l'attaque de la Préfecture de police, conséquemment après l'attaque du Palais de Justice, des officiers de paix sortirent revêtus de leurs insignes, avec leurs brigades armées, pour explorer les environs de ces deux établissements; qu'ils n'ont pas dépassé le quai de l'Horloge, qu'ils n'ont pas tiré un coup de fusil, et qu'ils ont rapporté à la Préfecture six fusils de chasse abandonnés par les insurgés.

Que dire aussi, Messieurs, de ces dépositions faites avec une si remarquable identité, pour vous raconter que le dimanche soir, vers neuf heures, dans un groupe qui stationnait auprès de la rue des Lombards, un inconnu se vanta d'avoir tiré sur l'officier *Drouineau?*

Admettons le fait; que prouverait-il? Que signifie ce dire d'un inconnu? Quel degré de confiance mérite-t-il? Est-ce que *Barbès* est le seul, d'ailleurs, qui ait tiré sur *Drouineau?* Est-ce que nous ne savons pas que deux balles ont atteint cet officier? Est-ce que la bande tout entière n'a pas fait feu sur le poste?

Mais, d'un autre côté, Messieurs, le fait en lui-même est-il croyable? Comment! c'est dans un groupe où se trouvent du moins des inconnus, en pleine rue, quand l'insurrection est partout étouffée, qu'un homme désarmé viendra, sans motifs, s'imputer un fait odieux! s'exposer gratuitement à être arrêté, poursuivi pour un tel propos! Le fait est incroyable, et il nous est bien permis de nous étonner aussi que les témoins qui l'auraient entendu ne l'aient trouvé assez grave pour ne le signaler à la justice, qu'au moment de vos débats!

Nous en avons assez dit sur ces dépositions à décharge reçues dans l'intérêt de *Barbès.* Nous abordons immédiatement l'accusation relative à *Martin Bernard.*

Messieurs, si *Barbès* est l'homme d'action de la *Société des Printemps,* Martin Bernard, non moins audacieux que lui dans l'exécution, est, par-dessus tous autres, le recruteur obstiné des sociétés secrètes. Intelligent, actif, habile plus que tout autre, il exerce sur une partie de la classe ouvrière l'influence la plus coupable et la plus dangereuse. Nous ne craignons pas d'affirmer que l'organisation ténébreuse de cette bande redoutable est due principalement à cet accusé; nous ajoutons, avec l'appui de l'instruction, que la déplorable ardeur et le fanatisme entêté de *Martin Bernard* sont tels que, dans l'intervalle qui s'est écoulé entre les événements du 12 mai et son arrestation, il s'est efforcé, tout en se dérobant aux recherches de la justice, de remplir les cadres de l'association qu'il dirige, et de préparer les éléments d'un nouvel attentat.

9.

Mais n'anticipons pas, Messieurs, sur les charges que nous devons développer devant vous.

Martin Bernard a refusé toutes réponses dans l'instruction et à l'audience, et vous avez apprécié la prudente habileté de ce silence. Comment, en effet, pouvait-il, à côté de ceux qu'il a entraînés dans l'attentat et qu'il a placés sur le banc des accusés, à côté de *Barbès,* membre comme lui du comité, et qui avoue sa participation à l'attentat, en prenant sur lui la responsabilité des actes de ceux-là qu'il a entraînés à sa suite; comment pouvait-il nier une culpabilité certaine, notoire, pour nous servir de l'expression de *Nouguès?* Cela était impossible, Messieurs, et *Martin Bernard* a pris le parti de ne pas répondre, mais il a chargé deux avocats de le défendre.

Nous avons parlé de *Nouguès;* rappelons les charges que ses déclarations ont fait peser sur *Martin Bernard,*

Nouguès est l'ami intime de *Martin Bernard,* et cette intimité est poussée si loin, que *Nouguès,* qui n'appartenait pas, dit-il, à la *Société des Saisons,* recevait cependant les plus graves confidences de *Martin Bernard,* et a su par lui le jour et l'heure de l'insurrection.

Nouguès ne dissimule pas ses opinions républicaines; il ne recule devant aucun de ses actes; il s'attribue, sans forfanterie, mais, au contraire, avec le sentiment du repentir, la part de culpabilité qui lui appartient.

Nouguès n'est donc pas un révélateur intéressé; il n'entend même rien révéler; mais, forcé par l'évidence des faits de confesser sa propre culpabilité, il se croit placé sous l'empire de la même nécessité quand il s'agit de son ami, de *Martin Bernard*, dont, à ses yeux, la participation directe à l'attentat présente un caractère si complet de certitude et de notoriété qu'une dénégation est impossible. Ce qu'il déclare, il ne l'a pas entendu dire, il le sait parce qu'il l'a vu; il l'a vu parce qu'il a suivi partout *Martin Bernard* et *Barbès*. Rappelons ici, Messieurs, cette partie si grave des déclarations de *Nouguès*.

« *D.* Vous étiez lié avec deux des principaux chefs de ces sociétés?

« *R.* Lesquels?

« *D.* *Blanqui* et *Martin Bernard?*

« *R.* J'ai vu *Blanqui* une fois, en 1836, sans le connaître, et une seconde fois dans ces affaires. Je l'ai vu rue Bourg-l'Abbé, et sur différents autres points; mais je n'ai pas eu occasion de lui adresser la parole.

« *D.* *Blanqui* était cependant l'un des chefs de l'insurrection?

« *R.* Oui, Monsieur, il paraissait être l'un des chefs les plus influents. Quant à *Martin Bernard*, je le connaissais personnellement. »

Plus loin *Nouguès* vient de dire où il a vu *Blanqui;* M. le Chancelier lui demande :

« *D.* Et *Martin Bernard*, où l'avez-vous vu?

« *R.* Je l'ai vu presque dans tout le courant de la marche, presque partout.

« *D.* Il était chef?

« *R.* Oui, Monsieur.

« *D.* Était-il rue Bourg-l'Abbé?

« *R.* Oui, Monsieur.

« *D.* Était-il au marché Saint-Jean?

« *R.* Je ne me souviens pas de l'y avoir vu, mais je crois bien qu'il y était.

« *D.* Est-ce lui qui a distribué des cartouches rue Bourg-l'Abbé?

« *R.* Personne ne s'était chargé spécialement de cette mission-là; j'ai vu des caisses ouvertes sur la voie publique, chacun en prenait, personne n'en distribuait.

« *D.* Vous avez vu *Barbès* aussi?

« *R.* Oui, Monsieur; je le connaissais par ses précédents jugements, mais je ne le connaissais pas de vue; on me l'a fait voir.

« *D.* Où l'avez-vous vu?

« *R.* Partout; il était constamment à la tête du rassemblement dont je faisais partie.

« *D.* Était-il au marché Saint-Jean?

« *R.* Oui, Monsieur.

« *D.* Vous n'avez pas pu ignorer que *Barbès*, *Blanqui* et *Martin Bernard* faisaient partie du comité exécutif de l'association?

« *R.* Je sais seulement que, rue Bourg-l'Abbé, plusieurs individus se sont approchés de *Martin Bernard* (*Blanqui* et *Barbès* n'étaient pas près de lui en ce moment), et ont demandé qu'on nommât le conseil dont il avait été question. *Martin Bernard* a répondu : «Il n'y «a pas de conseil; le conseil, c'est nous. »

Enfin, Messieurs, on lui demande à quel endroit il s'est séparé de *Martin Bernard;* il répond :

« Je ne l'ai pas revu depuis le moment où nous avons évacué la barricade de la rue Grenétat; il était six heures, six heures et demie environ; c'est à ce moment-là même que je me suis séparé des insurgés. »

Nous le demandons, est-il possible de trouver une déclaration plus positive, plus précise, qui présente avec plus d'évidence les caractères de la sincérité?

Plus tard, lorsqu'on demandera de nouvelles indications à *Nouguès,* il les refusera catégoriquement : « Je ne suis pas un dénonciateur, dira-t-il. Si j'ai parlé de ce qui concerne *Barbès, Martin Bernard* et *Blanqui,* c'est parce que cela est de notoriété publique. »

Cependant, Messieurs, à cette audience et par un sentiment que vous avez tous compris, *Nouguès* persiste dans ses déclarations relatives à *Barbès* et à *Blanqui,* parce que *Barbès* avoue les faits et que *Blanqui* est en fuite; mais il se rétracte à l'égard de *Martin Bernard,* qui s'est renfermé devant vous dans un silence complet. Examinons le mérite de ces rétractations tardives.

Nouguès vous a dit : « Quand j'ai fait ces déclarations dans l'instruction, je croyais *Martin Bernard* mort, je le supposais tué dans l'insurrection. »

Nouguès ne s'aperçoit pas que cette étrange explication serait, au besoin, la preuve de la vérité des déclarations mêmes qu'il essaye de rétracter. Pourquoi donc, en effet, supposait-il que *Martin Bernard* avait été tué dans la révolte, s'il ne savait pas qu'il y avait pris une part coupable?

Mais cela n'est pas possible; c'est le 6 juin seulement, près d'un mois après l'attentat, que *Nouguès* a été arrêté, et lui, l'ami intime de *Martin Bernard,* lui, l'un des plus ardents champions de la révolte, lui, le confident obligé de toutes ces trames coupables, il aurait ignoré que *Martin Bernard* se cachait; qu'il était recherché par la justice ! Non, Messieurs; encore une fois, cela n'est pas possible. Et, lorsque *Nouguès* a parlé devant **M.** le Chancelier, dans ses interrogatoires des 7 et 8 juin, non-seulement il a dit vrai sur les faits dont il rendait compte, mais il a dit vrai aussi sur les motifs de sa sincérité : c'est l'évidence des faits qui ne lui a pas permis de les nier. Que signifierait, en effet, cette conduite de *Nouguès?* Comment ! il dira vrai quand il accuse *Barbès* et *Blanqui*. et il mentira pour charger *Martin Bernard,* son camarade, son ami! Mais dans quel but ? Pour quel motif inculperait-il si gravement un innocent, qui n'aurait eu d'autre tort que d'être son ami ? Sa défense personnelle n'y est en aucune façon intéressée : il faut donc le reconnaître, la déclaration de *Nouguès* est inattaquable; elle présente, au plus haut degré, tous les caractères de la vérité.

La défense l'a bien senti, et elle a essayé d'établir que *Nouguès* avait parlé de faits dont il n'avait pas une connaissance personnelle, mais qui lui avaient été seulement racontés.

Mais, en supposant qu'on puisse équivoquer sur une seule circonstance, toutes les autres parties de la déclaration répondent victorieusement à cette interprétation.

La circonstance sur laquelle la défense a incidenté est celle-ci :

M. le Chancelier s'adresse à *Nouguès,* et lui dit : « Vous n'avez pu ignorer que *Barbès, Blanqui* et *Mar-* « *tin Bernard,* faisaient partie du comité exécutif de « l'association ?

Nouguès répond :

« Je sais seulement que, rue Bourg-l'Abbé, plu-
« sieurs individus se sont approchés de *Martin Bernard*
« (*Blanqui* et *Barbès* n'étaient pas près de lui en ce
« moment), et ont demandé qu'on nommât le conseil
« dont il avait été question. *Martin Bernard* a répondu :
« il n'y a pas de conseil ; le conseil, c'est nous. »

Pour apprécier sainement cette réponse, il faut se
reporter, Messieurs, à celles qui précèdent, qui l'expliquent.

M. le Chancelier demande d'abord à *Nouguès :* « Et
« *Martin Bernard*, où l'avez-vous vu?

« *R.* Je l'ai vu presque dans tout le courant de la
« marche, presque partout.

« *D.* Il était chef?

« *R.* Oui, Monsieur.

« *D.* Était-il rue Bourg-l'Abbé?

« *R.* Oui, Monsieur. »

N'est-il pas évident, Messieurs, que *Nouguès* parle de
ce qu'il a vu? La scène dont il rend compte s'est passée
rue Bourg-l'Abbé; eh bien, il déclare d'abord qu'il se
trouvait en cet endroit, qu'il y a vu *Martin Bernard :*
n'en résulte-t-il pas clairement qu'il a vu aussi la scène
dont il parle un peu plus tard?

Remarquons, en outre, la parenthèse que place *Nou-*
guès dans cette réponse, dont les termes paraissent prêter à une équivoque : (*Blanqui et Barbès n'étaient pas*
près de lui en ce moment). Il y était donc, lui *Nouguès,*
pour le savoir, pour avoir fait cette remarque?

Cela nous paraît clair, Messieurs; mais qu'importe

10

d'ailleurs? Nous concéderons ce point, si l'on veut : resteront du moins toutes les autres déclarations de *Nouguès*, qui attestent la participation directe de *Martin Bernard* à toutes les scènes de l'attentat; et ici il faudra bien reconnaître que *Nouguès* parle de ce qu'il dit avoir vu.

Il faut maintenant entretenir la Cour d'un fait grave, qui se rattache aux circonstances générales de l'attentat, et qui élève une charge de plus contre *Barbès* et *Martin Bernard.*

Vous savez, Messieurs, qu'une proclamation avait été préparée par le comité de la *Société des Saisons* pour le jour de l'insurrection. Un exemplaire imprimé de cette pièce a été trouvé dans le magasin des frères *Lepage;* ce document est grave; nous devons le reproduire en entier.

« Aux armes, citoyens !

« L'heure fatale a sonné pour les oppresseurs.

« Le lâche tyran des Tuileries se rit de la faim qui déchire les entrailles du peuple; mais la mesure de ses crimes est comblée. Ils vont enfin recevoir leur châtiment.

« La France trahie, le sang de nos frères égorgés, crie vers vous, et demande vengeance : qu'elle soit terrible, car elle a trop tardé. Périsse enfin l'exploitation, et que l'égalité s'asseye triomphante sur les débris confondus de la royauté et de l'aristocratie !

« Le gouvernement provisoire a choisi des chefs militaires pour diriger le combat; ces chefs sortent de vos rangs, suivez-les : ils vous mèneront à la victoire.

« Sont nommés :

« *Auguste Blanqui*, commandant en chef; *Barbès,*

Martin Bernard, Quignot, Meillard, Nétré, commandants des divisions de l'armée républicaine.

« Peuple, lève-toi! et tes ennemis disparaîtront comme la poussière devant l'ouragan. Frappe, extermine sans pitié les vils satellites, complices volontaires de la tyrannie; mais tends la main à ces soldats sortis de ton sein, et qui ne tourneront point contre toi des armes parricides.

« *En avant! Vive la République!*

« *Les membres du gouvernement provisoire,*

« BARBÈS, VOYER D'ARGENSON, AUGUSTE BLANQUI, LAMENNAIS, MARTIN BERNARD, DUBOSC, LAPONNERAYE. »

Une observation doit ici trouver sa place; elle résulte des signatures apposées au bas de cette pièce comme celles des membres du gouvernement provisoire.

Les chefs, les seuls et véritables chefs de l'odieux attentat dont nous demandons justice, ont bien compris que leurs noms inconnus n'avaient aucune puissance; et, par un infâme mensonge, trompant leurs adeptes eux-mêmes, ils cherchaient pour leur criminelle entreprise un appui qu'elle n'avait point, dans l'adhésion supposée de quelques personnages politiques.

Les signatures qui terminent la proclamation n'ont donc, Messieurs, d'importance que parce qu'elles constituent, de la part des accusés principaux, l'aveu de leur propre impuissance; mais il y a dans cette pièce d'autres noms dont la présence y est bien grave.

« Le gouvernement provisoire a choisi des chefs militaires pour diriger le combat; ces chefs sortent de vos rangs, suivez-les : ils vous mèneront à la victoire.

10.

« Sont nommés :

« *Auguste Blanqui*, commandant en chef ;

« *Barbès, Martin Bernard, Quignot, Meillard, Nétré*, commandants des divisions de l'armée républicaine. »

Vous le voyez, Messieurs, l'intérêt qui a dicté la fable du gouvernement provisoire et le mensonge des signatures qui terminent la pièce, était précisément de donner du crédit et de l'autorité aux nominations militaires ; c'était en quelque sorte le brevet que les commandants de la révolte se donnaient à eux-mêmes sous des noms supposés. Ces nominations ont donc une réelle gravité ; elles seraient, au besoin, à elles seules, la plus grave présomption, sinon la preuve de la participation à l'attentat, des hommes que l'on désignait aux insurgés comme *leurs chefs militaires,* qu'on *leur recommandait de suivre au combat,* qui *devaient les mener à la victoire.*

Barbès et *Martin Bernard* sont nommés commandants des divisions de l'armée républicaine. *Barbès,* vous savez s'il a justifié cette nomination ; nous vous demanderons maintenant si la nomination de *Martin Bernard* ne vient pas donner aux déclarations de *Nouguès* une confirmation éclatante ?

Nous en avons assez dit sur ce point, Messieurs, et nous nous occupons immédiatement d'une pièce dont la gravité est immense contre l'accusé *Martin Bernard.*

Nous l'avons dit, cet accusé, l'un des trois membres du comité de la *Société des Saisons,* était plus spécialement chargé, en raison de ses relations avec la classe ouvrière, de l'embauchage et du recrutement de la société. Vous savez que *Martin Bernard* n'a été arrêté que le 21 juin. Eh bien, on a trouvé sur lui une pièce écrite en entier de sa main (il l'a reconnue même à cette audience), qui n'est autre chose que le formulaire de la réception des membres de la *Société des Saisons*.

Mais ce formulaire est bien grave, car il a été modifié par *Martin Bernard* en raison de l'attentat même que vous avez à juger, et il prouve tout à la fois la participation de l'accusé à ce crime et ses efforts pour en préparer un nouveau.

La pièce tout entière passera sous vos yeux, Messieurs; mais il importe que nous rappelions en ce moment quelques-uns de ses termes :

«Le récipiendaire est introduit, etc....

«Sais-tu qui nous sommes et ce que nous voulons? Nous allons te le dire en peu de mots :

« Apôtres infatigables de l'égalité, nous nous sommes associés dans le but de faire triompher cette sainte cause les armes à la main. Forts de notre bon droit, rien ne pourra nous rebuter et nous décourager dans l'accomplissement de cette tâche glorieuse. Nous avons juré haine à mort à la royauté et à l'aristocratie qui opprime la France. Nous ne te parlons pas des douleurs du peuple; tu les connais et tu les sens aussi bien que nous.

« Te sens-tu le courage de partager nos dangers? Es-tu prêt comme nous à faire le sacrifice de ta vie et de ta liberté lorsque l'heure du combat aura sonné? Réfléchis bien, avant de te lier à nous par un serment, à l'immensité de notre entreprise. Nous avons affaire à forte partie. Nos ennemis sont puissants : ils ont une armée, des trésors. Nous autres prolétaires, nous sommes pauvres et sans appui. Nous n'avons pour nous que la justice et la sainteté de notre cause. Peut-être sommes-nous destinés à succomber encore une fois et à aller rejoindre dans la tombe ou dans les cachots de Philippe les martyrs du 12 mai. Tu n'hésites pas ? parle sans crainte.

« Lève-toi. Voici le serment que tu vas prêter :

« Je jure d'obéir aux lois de l'association.

« Je jure de prendre les armes au signal de nos chefs et de combattre avec eux jusqu'à la mort.

« Que ton sang retombe sur ta tête si tu trahis tes serments ! Nous te proclamons membre de l'association. »

Tout est dit sur *Martin Bernard,* Messieurs; sa culpabilité, au premier chef, est établie sans réplique ; il n'est pas seulement le complice des crimes que vous avez à juger, il en est l'un des auteurs principaux ; comme *Barbès,* il encourt moralement et légalement la responsabilité du sang versé.

Il nous reste, Messieurs, à vous parler de *Nouguès;* mais ses aveux complets nous dispensent de toute argumentation sérieuse.

Vous vous rappelez la lettre de cet accusé adressée à la demoiselle Reine Morel; elle forme, en dehors de ses aveux, une première preuve irréfragable; il nous suffira de la lire :

« 13 mai.

« Ma chère Reine,

« Jusqu'à présent il ne m'est rien arrivé... Nous avons « combattu toute la journée d'hier, mais nous espérons

« recommencer ce soir... Prie pour moi, et, si j'échappe,
« tu seras ma femme. Au revoir; je t'embrasse mille fois.

« Ton mari. »

Vous savez aussi, Messieurs, que, chez une fille Daniel,
maîtresse de *Nouguès,* on a saisi deux fusils qu'il avait
cachés dans une paillasse ; l'un de ces fusils provient
des magasins de *Lepage. Nouguès* convient de ces faits.

D'un autre côté, nous devons rappeler ici qu'on a
saisi, au domicile de cet accusé, un formulaire de
la *Société des Saisons,* et que cette pièce a été im-
primée avec des caractères semblables à ceux qui ont
servi pour l'impression de la proclamation insurrec-
tionnelle. *Nouguès* et son ami *Martin Bernard* sont
tous deux compositeurs d'imprimerie. Enfin, Messieurs,
nous vous prierons de vous rappeler les aveux de *Nouguès.* Vous le verrez au point de départ de la révolte,
rue Bourg-l'Abbé; vous le trouverez à ses principales
scènes, hormis le Palais de Justice, parce qu'il faisait
partie d'une bande peu nombreuse, qui était chargée de
protéger cette attaque en maintenant le poste du Châte-
let. Vous le verrez enfin, rue Grenétat, où il rapporte
que *Meillard* a été blessé à la jambe, circonstance remarquable, car elle a été depuis prouvée; et il déclare
lui-même qu'il n'a quitté ce dernier théâtre de la révolte qu'en même temps que *Martin Bernard,* au moment de la déroute des insurgés.

Nous avons terminé notre tâche, Messieurs ; nous
avons présenté les caractères généraux du crime que
vous êtes appelés à juger, et le résumé des charges que
les débats ont fait peser sur quelques-uns des accusés.

Permettez-nous, toutefois, de vous soumettre quelques réflexions qui nous sont dictées par notre cons-

cience , et par l'importance et la gravité de notre mission.

Messieurs, on va vous parler sans doute, au nom de la défense, du caractère politique des crimes qui vous sont déférés; et, à ce titre, on prétendra se faire un droit de votre indulgence. Sur ce point, nous vous devons notre pensée tout entière.

L'indulgence pour le crime politique, la loi nouvelle l'a consacrée dans de justes limites; elle est dans les modifications qu'a subies le Code pénal en 1832, et dont le bénéfice a déjà profité à tant de coupables. Ce n'est pas ici que nous avons besoin de dire qu'il y aurait péril à faire plus que la loi; mais nous dirons à la défense : Vous ne voulez pas que les crimes de la pensée puissent jamais être frappés du dernier supplice; vous rappelez de sanglantes exécutions qui, dans d'autres temps, ont été le résultat de complots, c'est-à-dire de résolutions d'agir concertées et arrêtées, mais non encore réalisées. Eh bien! ce que vous ne voulez pas, la loi ne le veut plus aujourd'hui, et cette loi, les partis la doivent à ce gouvernement qu'ils attaquent avec tant de violence. Mais ici n'abusons pas des termes, et ne confondons pas et les faits et les principes.

Eh quoi! vous recrutez et vous embrigadez des sectaires, vous les convoquez à heure fixe, vous leur donnez le signal du pillage et du meurtre, vous les armez par des vols commis à l'aide de violences et d'effraction dans des maisons habitées; puis, par d'odieux guets-apens, vous égorgez des citoyens, des officiers, des soldats sans défense, et vous prétendez vous absoudre par cela seul que ces exécrables forfaits auront été précédés d'un complot politique! Par une déplorable fantaisie de votre imagination vous nous présentez insolemment ce complot comme l'excuse de tous les crimes qui l'ont suivi!

Non, Messieurs les Pairs, nous sommes les premiers à applaudir à cette douceur de nos mœurs actuelles, qui permet du moins, si elle ne réclame une certaine modération dans la peine quand le crime est purement politique. Mais nous repoussons avec indignation ces exécrables doctrines, qui n'iraient à rien moins qu'à nier audacieusement les principes éternels de la morale.

C'est en vérité une bien étrange et bien audacieuse prétention que celle de ces hommes qui se persuadent sans doute qu'il suffit d'appeler vertu ce qui est crime, pour donner au mal les caractères et l'apparence du bien; que des rebelles, par cela seul qu'ils se proclament les ennemis du Gouvernement et de la société, peuvent se justifier par leur crime, et s'arroger le titre de grands citoyens.

Comme si tous les forfaits n'avaient pas le caractère d'une attaque contre les lois sociales; comme si ce n'était pas précisément à ce titre qu'ils sont justement frappés de la réprobation publique! Vouloir les légitimer par leur principe même, prétendre les absoudre par la circonstance qui les aggrave, c'est opposer à la conscience du genre humain qu'on insulte les sophismes d'une altière mais repoussante immoralité.

Quels sont donc ces hommes qui, après avoir prémédité et exécuté les plus grands crimes, n'ont d'autre défense à produire que la glorification même de leurs forfaits? Est-ce qu'on peut, est-ce qu'on doit leur accorder qu'ils se rattachent à une opinion politique? Ah! Messieurs, pour l'honneur de la raison humaine nous ne l'admettons point. Il n'y a pas en France, il n'y a pas au monde d'opinion sérieuse qui ne repousse

11

avec un juste mépris les absurdes et sanglantes utopies qu'on nous présente comme un système politique. Il n'y a pas d'opinion qui, prenant pour point de départ le meurtre et le vol, les prenne aussi pour but et veuille le pouvoir pour organiser la rapine et l'assassinat. A quel parti, à quelle faction rattacherez-vous donc ceux qui, dans une langue barbare et sauvage, disent au peuple : « Point de pitié, mets nus tes bras, qu'ils s'en- « foncent dans les entrailles de tes bourreaux !! ... » ceux qui s'écrient que « les aristocrates sont les riches « et qu'il faut exterminer toutes les aristocraties, » ceux qui veulent « l'égalité des conditions sociales fon- « dée sur le partage égal de tous les produits de la terre « et de l'industrie. »

Ne confondons point, Messieurs, le brigandage, même lorsqu'il s'exerce par bandes organisées, avec les partis politiques; restituons à chaque chose son véri- table caractère, et ne donnons point un démenti à la conscience publique.

Et maintenant, Messieurs, est-ce pour les hommes qu'on viendra vous demander indulgence? mais, est-ce qu'indépendamment de leur participation individuelle aux scènes horribles des 12 et 13 mai, *Barbès* et *Martin Bernard* ne sont pas responsables, par complicité di- recte, de tout le sang qui s'est versé? Qui donc a sou- levé ces bandes d'assassins? qui les a instruites et dis- ciplinées au meurtre? qui marchait à leur tête et les entraînait par la contagion du crime? Messieurs, jamais attentat plus odieux ne fut commis; jamais culpabilité principale ne fut mieux établie. L'indulgence pour *Barbès,* pour l'homme qui, en 1835, adhérait au crime de *Fieschi* par une proclamation sanguinaire! pour celui qui, le 12 mai, s'écriait : « Que la vengeance soit terrible, car elle a trop tardé! Peuple, frappe, extermine sans pitié les vils satellites, complices volontaires de la tyrannie,» et qui, en effet, entrait, par un odieux assassinat, dans cette route sanglante qu'il désignait à ses séides! Cette indulgence, elle lui a été accordée tout entière quand l'ordonnance d'amnistie vint lui ouvrir les portes de sa prison : aujourd'hui il n'a droit qu'à la justice.

L'indulgence pour *Martin Bernard!* pour celui dont l'active turbulence, dont le propagandisme obstiné a recruté principalement cette association ténébreuse, qui ne devait se manifester au grand jour que par ses attentats !

L'indulgence pour cet homme qui, au moment où la justice le décrétait d'accusation, semblait avoir redoublé de criminelle énergie pour fomenter de nouveaux désordres et préparer de nouvelles et sanglantes catastrophes! Non, non, il faut enfin que le jour de la réparation arrive; et c'est au nom de la société tout entière, justement alarmée, que nous demandons le châtiment des coupables. C'est à votre arrêt, Messieurs les Pairs, qu'il appartient de rendre au pays cette sécurité dont il a besoin, et que peuvent seuls maintenir le courage et la fermeté des magistrats.

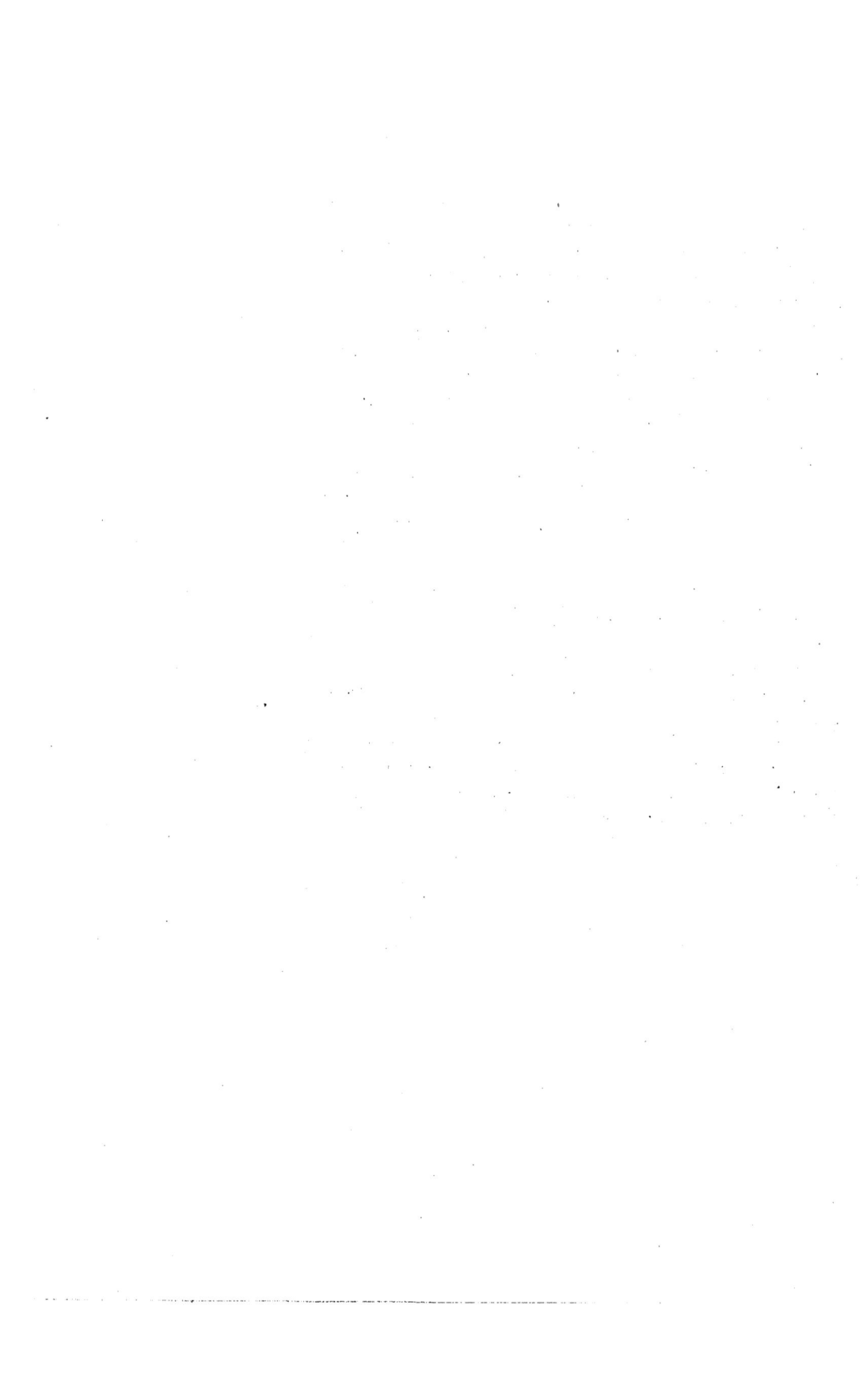

EXPOSÉ

DES FAITS PARTICULIERS

CONCERNANT LES ACCUSÉS

ROUDIL, GUILBERT, MIALON, WALCH, LEBARZIC, PHILIPPET
ET DUGAS,

PAR M. BOUCLY, AVOCAT GÉNÉRAL.

MESSIEURS LES PAIRS,

Dans le réquisitoire que vous venez d'entendre, M. le Procureur général a caractérisé la pensée et le but des attentats du 12 mai, et il a replacé sous vos yeux, avec les couleurs qui leur appartiennent, les faits principaux de leur exécution. Il n'est plus douteux que cette téméraire prise d'armes ne doive être attribuée à une société secrète organisée pour la ruine des institutions civiles et politiques du pays, pour substituer la république au Gouvernement établi, pour tenter le nivellement absolu de toutes les conditions et de toutes les fortunes. S'il avait pu rester sur l'existence, sur les doctrines, sur les projets de cette société, quelques incertitudes, elles auraient été complétement dissipées par les déclarations que l'accusé *Barbès* a faites à cette audience, et par ces écrits trouvés chez *Martin Bernard,* tracés de sa main dans les jours qui ont suivi une coupable et sanglante tentative, et où se lisent à la fois un aveu et une menace, le crime dont il se vante et le crime qu'il prépare.

Cependant, Messieurs, lorsqu'en jetant un premier regard sur les résultats de ces débats, on se demande quels sont les hommes arrêtés à la suite de ces chefs qui justifient, vous l'avez entendu, par la violence morale de leurs commandements une obéissance passive, on ne trouve plus que des ouvriers de professions diverses, appartenant aux différents âges de la vie, étrangers en apparence les uns aux autres, et qui, se défendant de toute pensée, de toute passion politique, se réfugient, pour la plupart, contre les imputations dont ils sont l'objet, dans la tranquillité de leurs habitudes et la modestie de leur condition.

Plus tard, Messieurs, nous apprécierons, en présence des faits constatés par l'instruction, cette attitude inoffensive que se sont donnée devant vous la plupart des accusés. Mais nous devons, dès à présent, reconnaître que, si l'accusation a pénétré le secret de ces engagements mystérieux par lesquels la sédition avait assermenté ses recrues, elle n'a pu parvenir à en faire le dénombrement. La Société des Saisons n'a pas, comme autrefois la Société des Droits de l'homme, ses archives et ses contrôles; ni, comme celle des Familles, ses notes de présentation et ses listes en partie double. Nulle part aucun écrit n'a été saisi qui pût indiquer de quels hommes se composait le personnel de ses *semaines* et de ses *mois*.

Mais ne pourra-t-on pas du moins reconnaître les sectionnaires à leurs œuvres? Ne seront-ils pas suffisamment signalés par leur concours à une attaque dont l'explosion soudaine, dont la marche rapide et méthodique, ne permettent guère de penser qu'elle ait pu trouver des auxiliaires parmi ceux qui n'en possédaient

...s le secret et qui n'avaient pas d'avance leur parti
...is? C'est là, Messieurs, une question que l'accusa-
...n, dans la partie du moins qui nous en est confiée,
... cherche pas à résoudre. Il lui suffit de montrer la
...lpabilité des accusés établie contre chacun d'eux par
... coopération aux attentats; et lorsqu'elle les trouve au
...lieu de la lutte, dans les rangs des insurgés, elle se
...oit dispensée de chercher dans la preuve d'une solida-
...é préexistante l'explication d'un crime qui révèle assez
...rement par lui-même et les passions qui lui servent
... mobile et le but funeste qu'il se propose d'atteindre;
...r, enfin, en faisant la plus large part aux entraîne-
...nts et aux faiblesses, on ne sera jamais réduit à ad-
...ttre que qui que ce soit, s'il n'est animé d'une pensée
... révolte et de bouleversement, puisse se mêler à des
...ndes armées qui, au sein du calme le plus profond,
...vahissent tout à coup les rues, fusillent les agents de
...force publique, et prolongent, derrière les barricades
...'elles ont construites, la résistance la plus obstinée.
...Les faits dont le ministère public va maintenant vous
...retenir auront donc, Messieurs, un caractère entiè-
...ient individuel, en ce sens qu'il s'agira surtout de
...erminer dans quelle circonstance et dans quelle me-
...e chacun des accusés a donné à la sédition le con-
...rs de son action personnelle. Le magistrat qui vous
...naude en ce moment votre indulgente attention doit
...céder à cet examen, en ce qui concerne les accusés
...udil, *Guilbert*, *Mialon*, et ces quatre ouvriers de
...enue Parmentier, dont le rôle dans l'insurrection ne
...ésume pas dans des faits matériels aussi palpables,
...is qui cependant, sous la conduite de l'un d'eux, le
...imé *Philippet*, ont pris à l'attentat une part aussi
...gereuse que coupable.

L'attaque du Palais de Justice avait eu lieu : l'officier qui commandait le poste et plusieurs des soldats placés sous ses ordres venaient de tomber sous les coups des factieux. Le corps de garde avait été envahi.

C'est alors que les insurgés se portèrent sur la Préfecture de police : ils débouchèrent par groupes de la rue de la Barillerie; et, tandis qu'un certain nombre descendit le quai des Orfévres, quelques autres s'arrêtèrent à la hauteur du pont Saint-Michel.

L'attaque de la Préfecture fut aussitôt repoussée; les assaillants s'enfuirent dans tous les sens, et cependant ils dirigèrent quelques coups de feu sur un escadron de la garde municipale qui s'engageait sur le quai des Augustins.

Ceux des factieux qui se trouvaient encore en ce moment à la hauteur de la rue de la Barillerie cherchèrent à faire retraite par le pont Saint-Michel et la place du même nom, et ils essayèrent cependant d'arrêter par leur feu, et les gardes municipaux qui accouraient par le quai des Augustins, et les militaires qui sortaient de la Préfecture de police ou de la caserne des pompiers qui lui est presque contiguë.

C'est en ce moment que de courageux citoyens, et des inspecteurs de police qui avaient suivi de l'œil ces différents mouvements, s'élancèrent sur deux d'entre eux et parvinrent à les arrêter.

ROUDIL. — GUILBERT.

C'étaient les nommés *Roudil* et *Guilbert*, tous deux ouvriers, l'un jeune encore, l'autre d'un âge déjà mûr. *Roudil* était armé d'un fusil à deux coups; un mouchoir noué autour de son corps contenait plusieurs paquets de cartouches : il était aussi nanti de capsules, et portait une giberne sur la blouse dont il était vêtu.

Son fusil provenait des magasins des sieurs *Lepage,* pillés rue Bourg-l'Abbé au début de l'insurrection : c'était là aussi qu'il avait eu des cartouches et des capsules. La giberne avait appartenu à l'un des soldats tués au poste du Palais de Justice.

Il était donc certain que *Roudil* s'était trouvé au premier lieu de rassemblement, au point de départ de l'insurrection, qu'il l'avait suivie dans sa marche la plus hardie, et qu'au moment de son arrestation, il était encore mêlé dans les groupes qui en formaient l'arrière-garde.

Pris ainsi en flagrant délit, il ne pouvait nier sa participation à la révolte. Il ne dissimula même pas qu'il eût tiré un coup de fusil : seulement, il prétendit qu'il n'avait agi que sous l'empire d'une contrainte à laquelle il n'avait pu résister; qu'on l'avait pris au collet pour le jeter dans les rangs des insurgés, et que, s'il avait tiré un coup de fusil, c'était dans la crainte que ceux dont il se rendait le complice ne tirassent sur lui. A cette même époque, il avouait qu'il n'ignorait pas le but du mouvement auquel il s'était vu forcé de prendre part. Ceux qui l'avaient entraîné à leur suite lui avaient dit qu'il s'agissait d'attaquer *Louis-Philippe,* et de combattre pour la liberté.

Devant vous, Messieurs, pour revenir à la vérité, il a changé de langage; il a confessé qu'il avait marché librement, volontairement, et qu'aucune violence ne lui avait été faite.

Mais, pour atténuer son crime autant que possible, il a soutenu qu'il s'était trouvé par hasard dans la rue Bourg-l'Abbé, au moment du pillage des armes et de

12

la distribution des cartouches, et qu'étant resté en arrière pour renverser une voiture sur le pont Notre-Dame, il n'était pas dans les rangs des insurgés au moment où ils ont assailli le poste du Palais de Justice, et où ils ont versé le premier sang dont leurs mains se soient souillées dans cette déplorable journée. Il n'insiste pas moins à se défendre d'avoir fait usage de son fusil contre la force publique, soit à l'entrée de la rue de la Barillerie, soit sur le pont Saint-Michel; et il explique que, si l'un seulement des canons de cette arme était chargé au moment où elle a été saisie, c'est parce que l'autre coup était parti, sans qu'il y eût volonté de sa part, dans la lutte qu'il a soutenue contre ceux qui l'ont arrêté.

S'il est vrai, Messieurs, que *Roudil* se soit trouvé par hasard rue Bourg-l'Abbé, il s'est du moins montré bien prompt à saisir une occasion de révolte : s'il est vrai que ses mains soient pures du sang versé au Palais de Justice, il est du moins bien triste de penser qu'il n'ait éprouvé aucun scrupule à partager les dépouilles de l'un des soldats qui venaient d'y être frappés de mort.

Mais ce qu'on ne peut admettre, c'est qu'il ne soit parti de sa main qu'un coup de fusil involontaire.

Il est certain que son fusil a fait feu au moment de son arrestation : un témoin avait pensé que ce coup avait été dirigé sur lui ; c'est l'un des hommes honnêtes qui ont arrêté *Guilbert ;* mais d'autres ont admis la possibilité d'un coup involontaire, et c'est assez pour que l'accusation ne le conteste pas.

Mais elle rappellera d'abord que le fusil dont *Roudil* était armé a fait feu plus d'une fois : M. le capitaine *Pernetty* l'a déclaré sans hésitation, et ce résultat de

l'expertise a été confirmé par les dépositions des témoins que vous avez entendus. Ils ont attesté, l'un,
qu'il avait vu, au milieu d'un groupe d'insurgés, un
jeune homme en blouse, ayant sur cette blouse une
giberne, tirer du haut du quai des Orfèvres; l'autre,
qu'il avait vu un coup de fusil partir des mains mêmes
de *Roudil* avant son arrestation.

Il est donc avéré que *Roudil,* armé, nanti de cartouches dès le début de l'insurrection, lui a prêté, jusqu'au moment où il a été arrêté, le concours de ses
efforts.

Guilbert se trouve dans une situation analogue.

Lorsqu'on s'est emparé de sa personne, il avait
entre les mains un fusil de munition qui avait appartenu, comme la giberne de *Roudil,* à l'un des soldats
de garde au Palais de Justice : on a de plus trouvé sur
lui sept cartouches à balle, et l'expertise a constaté
que le fusil avait fait feu plusieurs fois.

Cet accusé avait soutenu, dans l'instruction, qu'il
avait trouvé le fusil et les cartouches dans une allée,
rue de la Vieille-Draperie, et qu'il les emportait, les
offrant à tout venant, lorsqu'il a été arrêté.

Il prétend aujourd'hui que l'arme et les munitions
lui ont été données, dans cette même rue, par des insurgés au milieu desquels le hasard l'avait conduit,
et qu'étant pris de vin, il jouait avec ces objets comme
un enfant, tenant le fusil d'une main et la baïonnette
de l'autre; il ajoute qu'un passant ayant fait l'éloge
du fusil, il se disposait à le lui abandonner lorsqu'on
s'est brusquement élancé sur lui pour l'arrêter.

Ces variations suffiraient seules pour rendre suspecte
la sincérité de *Guilbert,* et ce double système de défense
ne résisterait pas d'ailleurs à ses choquantes invraisem-

blances. Qui peut admettre qu'un homme paisible,
un bon citoyen, dans le voisinage du Palais de Justice,
au moment même où la fusillade retentissait dans la
rue de la Barillerie et sur le quai des Orfèvres, aille se
mêler, un fusil à la main, dans les groupes d'insurgés,
sans rien comprendre à ce qui se passe autour de lui?
Mais à quoi bon relever l'invraisemblance des déclarations de *Guilbert,* quand il est prouvé qu'elles ne sont
pas vraies? N'avons-nous pas entendu M. le capitaine
Pernetty affirmer que le fusil dont cet accusé était armé
avait fait feu plusieurs fois ? N'avons-nous pas entendu
les témoins qui affirment qu'au moment où ils l'ont arrêté, il chargeait son arme; et la cartouche n'a-t-elle
pas été trouvée à l'embouchure du canon? Concluons
donc que *Guilbert,* arrêté avec *Roudil,* dans le même
temps, dans le même lieu et dans les mêmes circonstances, prenait comme lui, à la sédition, une part
active et coupable.

La vérité de ces faits ne sera pas, Messieurs, sérieusement contestée; mais, comme les débats l'ont fait
pressentir, on cherchera une excuse pour *Roudil* dans
son extrême jeunesse; pour *Guilbert,* dans l'état d'ivresse
où l'on soutiendra qu'il était plongé: on vous rappellera
aussi qu'aucun antécédent fâcheux ne pèse sur eux,
et qu'ils vous ont été présentés comme de bons ouvriers
auxquels leurs parents ou leurs maîtres n'ont aucun
reproche à faire.

Mais, quelle que soit la jeunesse de *Roudil,* lorsque,
après avoir vu le sang versé au Palais de Justice, il
tentait lui-même de nouveaux meurtres, peut-on croire
qu'il ne comprît pas la portée de son action; et, à l'é-
poque où nous vivons, les passions politiques attendent-
elles que les hommes soient mûrs pour les entraîner

aux plus déplorables excès? Ne sait-on pas, d'ailleurs, que trop souvent les jeunes gens de l'âge et de la condition de *Roudil* se jettent au milieu de tous les désordres, et fournissent à la sédition ses instruments les plus résolus et les plus dangereux ?

Quant à *Guilbert*, il était peut-être échauffé par le vin, mais il n'était pas dans un tel état d'ivresse qu'il eût perdu la conscience de ses actions. Un témoin a déposé qu'il trébuchait en essayant de s'asseoir; mais d'autres l'ont vu debout sur le pont Saint-Michel, et ne se sont pas aperçus qu'il eût perdu dans le vin l'usage de ses facultés.

Nous nous bornons à ces réflexions: votre haute sagesse appréciera ce que peuvent demander d'indulgence, dans l'application d'un châtiment mérité, la bonne conduite antérieure de ces deux hommes et le présage d'un meilleur avenir.

Mialon.

Repoussés de la Préfecture de police, les insurgés s'étaient portés à l'Hôtel de Ville; le poste de la garde nationale avait été désarmé.

C'est alors qu'ils entraînèrent avec eux le nommé *Bussy*, ouvrier employé aux travaux de l'Hôtel de Ville, et qui sortait de son atelier au moment même où la place était envahie par la sédition. On lui donne un fusil; il marche à la suite des autres, et bientôt on arrive sur le marché Saint-Jean. Vous savez, Messieurs, ce qui s'y passa; nous ne remettrons pas encore une fois sous vos yeux ces horribles détails.

Parvenu à s'échapper, *Bussy* raconte ce qu'il a vu, et annonce qu'il pourrait reconnaître le chef des meurtriers. Depuis, et dans des conversations d'atelier, il ajoute que, parmi eux, il a distingué un de ses compatriotes. Cet homme était armé d'un fusil de munition, et il l'a vu faire feu sur le poste. *Bussy* ne peut cependant indiquer ni son nom ni sa demeure ; mais il le remarque souvent sur la place de Grève, au rendez-vous des ouvriers, et un individu qu'il nomme pourra faire connaître son adresse.

C'était, Messieurs, le nommé *Mialon. Bussy* le connaissait antérieurement et depuis longues années. Il le lui a prouvé à lui-même, en lui rappelant un fait ancien, arrivé dans un lieu où ils étaient simultanément employés, et *Mialon* n'a pu nier la vérité d'un événement assez remarquable pour qu'il ait dû nécessairement rester gravé dans sa mémoire.

Ainsi, quand *Bussy* désigne *Mialon* comme l'un des factieux qui ont attaqué le poste du marché Saint-Jean, et qui, rangés en demi-cercle devant les douze hommes dont il était composé, en ont fait tomber sept par une fusillade à bout portant, il ne signale pas une personne qu'il n'ait vue qu'une fois par hasard, dans une circonstance donnée, et dont il retrouve ensuite les traits dans un individu qui lui est représenté : il connaissait de longue main l'homme qu'il accuse ; il le voyait tous les jours, et il l'a reconnu sur le lieu même du crime, à l'instant où il s'accomplissait. Si nous ajoutons que *Bussy*, qui n'a pu se tromper, ne peut avoir aucun intérêt à mentir, et que sa déclaration est confirmée par celle de l'un des militaires qui ont survécu au massacre du poste, il demeurera prouvé que *Mialon* doit avoir sa part de responsabilité dans l'un des plus sanglants épisodes qui aient marqué la journée du 12 mai.

Arrêté et interrogé, *Mialon* affirma d'abord qu'il n'était pas sorti de chez lui dans l'après-midi de ce jour, et qu'on ne trouverait dans son domicile ni armes, ni munitions.

Cependant une perquisition amena la découverte d'une cartouche en papier bleu et d'une balle qui paraît avoir été mâchée. Ces objets ont été trouvés, dit-il, par lui ou par ses enfants. Un moment après, on constate qu'au fond de la poche de sa veste, il existe des grains de poudre. Il convient alors que, le dimanche 12 mai, il est sorti quand on a entendu du bruit; qu'il a trouvé lui-même sur le quai aux Fleurs la cartouche et la balle; qu'il s'est rendu sur la place de Grève, où il a vu les insurgés, et qu'ensuite il a été exprès, ce sont les mots dont il se sert, vers la rue Saint-Martin. Ainsi ses propres déclarations le placent successivement, et selon l'ordre des faits, dans la direction du marché Saint-Jean, où *Bussy* l'a vu agir, et de la rue aux Ours, où un autre crime a été commis.

A l'époque où *Mialon* fut conduit au dépôt de la Préfecture, un individu, nommé *Delehaye,* portier rue aux Ours, y était détenu comme inculpé dans les attentats du 12 mai, pour avoir recélé deux fusils dans la maison commise à sa garde. *Delehaye* avait été témoin de l'assassinat du maréchal des logis *Jonas,* tué le 12 mai, vers cinq heures du soir, par un coup de feu parti d'une barricade qui avait été élevée une demi-heure auparavant au point d'intersection de la rue aux Ours et de la rue Bourg-l'Abbé.

C'était un des crimes qui avaient le plus vivement excité l'indignation publique. *Jonas,* connu dans le quartier Saint-Martin où il était caserné, était un vieux soldat estimé de ses chefs, aimé de ses camarades:

pendant vingt ans il avait fait la guerre; sur les champs de bataille, la mort l'avait respecté; et, victime d'un infâme guet-apens, il tombait, en temps de paix, au coin d'une rue, sous les coups d'un assassin. Au moment où il fut frappé, aucun combat n'était engagé dans la rue aux Ours : abandonnée par ceux qui l'avaient construite, la barricade n'était ni attaquée ni défendue; on n'y remarquait qu'un seul homme armé d'un fusil. Quand le maréchal des logis parut à cheval dans la rue Saint-Denis, à la tête d'une patrouille, on vit cet homme, que ne pouvait apercevoir le militaire qui allait être sa victime, l'ajuster longtemps en posant son fusil sur la voiture renversée qui formait la barricade; on l'entendit qui disait froidement : *Voyons voir si j'en descendrai un!* Le coup partit, et le meurtre était commis. Celui qui venait de s'en rendre coupable se retira pour charger son arme dans une rue voisine; quelque temps après, il reparut portant toujours son fusil sur l'épaule, et, parmi ceux qui l'avaient remarqué d'abord, il en est plusieurs qui n'hésitèrent pas à le reconnaître.

Delehaye vit *Mialon* au dépôt de la Préfecture, et reconnut en lui le meurtrier de *Jonas.* En signalant le coupable, dont il ne savait pas le nom, il annonça qu'il ne portait plus les vêtements dont il était couvert le 12 mai. Au dépôt de la Préfecture, *Mialon* était vêtu d'un habit de drap bleu, que recouvrait un bourgeron; et, d'accord avec tous les renseignements jusque-là recueillis, *Delehaye* déclarait que, le jour du crime, *Mialon* portait une veste et un pantalon de velours. Une perquisition faite chez lui amena la saisie de ces vêtements. Représentés aux témoins, ils ont été parfaitement reconnus. La veste n'est pas celle dont

Mialon était couvert à votre audience, au moment des premières confrontations, et par laquelle les souvenirs des témoins étaient d'abord déconcertés : c'est celle qu'il a mise ensuite, sur la désignation de l'un des hommes qui l'avaient le mieux vu dans la journée du 12 mai; celle dont l'identité avec le vêtement du meurtrier est signalée non-seulement par sa couleur et sa forme, mais encore par une tache blanche qui a été remarquée sur l'épaule au moment où il se courbait pour ajuster son coup.

Vous avez été frappés, Messieurs, du résultat des confrontations qui ont eu lieu devant vous; vous en rappeler les détails, ne serait-ce pas s'exposer à en atténuer la force ? *Mialon* a été reconnu à son costume, à sa taille, à sa corpulence, à sa tournure, à sa démarche, au son de sa voix, aux traits de sa figure. Dans quelque attitude et sous quelque aspect que les témoins l'aient vu, ils ont saisi quelques-uns des caractères de son individualité; et, comme pour rassurer aussi complétement que possible la conscience du juge, il se trouve que les signes distinctifs qui empêchent qu'on ne confonde les hommes entre eux sont en quelque sorte plus prononcés chez ce grand coupable et plus exclusivement personnels que chez aucun autre. Aussi vous avez vu avec quelle énergie s'est prononcée la conviction de la plupart des témoins : Entre trente mille hommes, disait l'un d'eux, je n'hésiterais pas à le signaler et à le reconnaître.

Nous n'oublions pas toutefois que, parmi ceux que vous avez entendus, il en est un qui, se mettant en opposition avec tous les autres, a imputé le meurtre du maréchal des logis à un homme d'une taille, d'une tournure et même d'un costume différents. Mais ce témoin,

13

le sieur *Morel*, qui a seulement entr'ouvert sa fe-
nêtre au bruit du coup de feu, et dont les regards, tour-
nés d'abord du côté de la victime, n'ont été ramenés du
côté de l'assassin qu'au moment où celui-ci se retirait,
ne peut un instant ébranler un si grand nombre de
dépositions, unanimes notamment sur le costume de
l'assassin; et son erreur s'explique lorsqu'on rapproche
sa déposition de celle d'un autre témoin qui a vu aussi
l'homme que le sieur *Morel* signale, mais qui l'a vu
auprès de *Mialon*, au moment où celui-ci commettait
le meurtre. C'est à cet homme, vêtu d'une blouse grise,
que *Mialon* aurait dit : *Voyons voir si j'en descendrai
un.*

On peut donc affirmer, Messieurs, que *Mialon* est
l'auteur du meurtre commis sur la personne du maréchal des logis *Jonas*. C'est une vérité qui nous paraît
avoir acquis le plus haut degré d'évidence que puisse
produire une démonstration judiciaire. Il faudrait re-
noncer à éclairer par des témoignages les décisions de
la justice, s'ils pouvaient aboutir à l'erreur quand ils
se présentent avec tant d'ensemble et tant d'énergie.
Nous nous croyons donc dispensés, Messieurs, de les
confirmer par les inductions que pourraient nous fournir les variations de *Mialon* dans ses interrogatoires :
nous ferons seulement remarquer qu'il s'attachait surtout à établir qu'il n'était pas sorti de chez lui, que du
moins il ne s'était absenté que pendant peu d'instants,
et n'avait pas quitté les alentours de sa demeure. La
déposition de la portière a prouvé qu'il était sorti peu
après les premiers coups de feu, et qu'il n'était rentré
que vers six heures et demie ou sept heures. C'est dans
cet intervalle qu'ont eu lieu et l'attaque du marché
Saint-Jean et le meurtre du maréchal des logis *Jonas*.

Nous avons entendu des témoins qui sont venus at-
tester que *Mialon* était un homme d'une intelligence
bornée. Veut-on en conclure qu'il doit échapper à la
responsabilité de ses actes? Vous nous dispensez, Messieurs les Pairs, de prévenir une pareille conséquence.
Déjà frappé des châtiments de la loi, *Mialon* sait bien
qu'on devient plus coupable encore quand on attente à la
vie d'autrui que quand on viole sa propriété. Deux fois
peut-être, une fois du moins, coupable de meurtre
commis avec préméditation, il doit à la justice sociale
une expiation sévère. Au moment même de son crime,
ceux qui en ont été les spectateurs indignés l'ont flétri
du nom d'assassin.

Et pourtant, avant de conclure en ce qui le concerne,
il est une réflexion que nous ne devons pas retenir. Le
12 mai, à quatre heures, *Mialon* était chez lui, tranquille entre sa femme et sa fille. C'est au bruit de la
fusillade du quai aux Fleurs que, malgré leurs larmes,
il s'est élancé dans la rue : quand il est rentré, ses
mains étaient sanglantes! Mais qui donc l'avait armé?
qui donc avait conquis pour lui ce fusil dont il a fait un
si coupable usage? La conscience publique ne dira-t-elle
pas à ceux qui préparent et organisent les séditions :
Voilà les fruits qu'elles portent, voilà les auxiliaires
qu'elles se donnent, voilà les crimes dont vous êtes les
promoteurs, et dont vous devenez moralement les complices.

Walch, Lebarzic, Philippet, Dugas.

Il nous reste maintenant à vous entretenir, Messieurs, des faits qui concernent les nommés *Walch,
Lebarzic, Philippet* et *Dugas.* Il ne s'agit plus ici d'in-

surgés qui aient été arrêtés en flagrant délit ou qui aient été vus par des témoins dignes de foi, dans le moment même où ils prêtaient à l'attentat leur criminel concours. La vérité ne se fait jour qu'à travers des aveux peut-être incomplets, des omissions involontaires ou des réticences calculées, des dépositions de témoins peu décisives par elles-mêmes et qu'il faut rapprocher et combiner pour en saisir les résultats. Nous espérons cependant que les faits recevront assez de lumière pour que vous puissiez en apprécier l'importance et la criminalité. La discussion va devenir, Messieurs, un peu minutieuse; elle ne lassera pas votre patiente justice.

Le nommé *Walch* travaillait comme ouvrier chez le sieur *Lafleur*, filateur, avenue Parmentier; *Philippet* y était employé comme contre-maître, et le nommé *Lebarzic* comme chauffeur de la pompe.

Dugas, à l'époque du 12 mai, travaillait chez le sieur *Pihet* dans un établissement voisin de la filature dont nous venons de parler. Le sieur *Pihet* emploie quatre cents ouvriers; il est mécanicien et fabrique des armes de guerre: au 12 mai, trois cents fusils existaient dans ses magasins.

Ce même jour, *Walch*, qui prend habituellement ses repas chez sa sœur, la quitte vers trois heures, en annonçant qu'il va à son ouvrage; ce jour-là cependant la fabrique n'était point en activité. Ce propos n'autorise-t-il pas à penser qu'un avis dont l'objet ne lui avait pas été expliqué l'appelait à la filature?

Le soir, contre son habitude, il rentra fort tard; il était onze heures quand il revint. Le lendemain, il avait en sa possession des cartouches, qu'il fit voir dans le garni où il était logé; les conseils qu'on lui donna le déterminèrent à en jeter une partie ; il remit le reste entre les mains de sa sœur.

Il raconta que, la veille, il s'était trouvé dans une foule, qu'il n'avait pu s'en tirer qu'à onze heures, et que dans les rangs on lui avait remis des cartouches.

Le même jour, quelques soupçons provoquent l'arrestation de *Lebarzic*, qui est rendu bientôt après à la liberté, et on reconnaît parmi les blessés apportés la veille à l'hôpital Saint-Louis un individu nommé *Meunier*, qui travaillait dans les ateliers du sieur *Pihet* : il avait reçu au genou une blessure grave, des suites de laquelle il est mort.

Huit jours après, *Walch*, inquiet de la part qu'il avait prise, comme on le soupçonne déjà, aux attentats du 12 mai, et craignant sans doute de ne pas échapper aux recherches actives que la police multipliait de toutes parts, va trouver un de ses parents, le sieur *Romazotti*, brigadier dans la garde municipale. Il lui raconte que *Philippet*, son contre-maître, lui avait offert, quelque temps auparavant, deux francs par jour, s'il consentait à se faire enrôler parmi les factieux ; qu'il avait refusé ; que cependant il n'était pas resté étranger à l'attentat ; qu'on lui avait donné des cartouches, et qu'il avait même tiré trois coups de fusil sur la place de Grève.

A la suite de cette révélation, *Walch* fut arrêté, et interrogé devant le juge d'instruction, il déclare que, le 12 mai, c'est *Philippet*, son contre-maître, qui l'a emmené et qui l'a jeté dans l'insurrection.

C'était sur le boulevard, près la barrière de Ménilmontant, qu'il avait rencontré *Philippet*, accompagné alors de cinq ou six autres personnes ; et l'on s'est d'a-

bord rendu chez un marchand de vin, dans la rue du Faubourg-Saint-Antoine.

En sortant, des cartouches ont été partagées dans un passage, et il en a eu quinze pour sa part; ensuite, on a remonté la rue de Charenton : on y a trouvé soixante ou soixante-dix individus rassemblés; puis on est entré chez un marchand de vin auquel on a demandé des armes, et qui a répondu qu'il n'en avait pas.

Enfin, on est descendu dans l'intérieur de Paris : on est venu jusqu'à la rue Saint-Martin ; on a pris, à gauche, des rues qu'il ne connaît pas, et, dans l'une de ces rues, des fusils ont été distribués. Quand le rassemblement a été armé, en partie du moins, ses chefs l'ont conduit sur une place que *Walch* n'a pu indiquer.

On a tiré sur des troupes qui s'y trouvaient et qui ont riposté. Après avoir tiré trois coups, *Walch* a jeté son fusil et s'est échappé.

A ces déclarations, qui, comme on le voit, le compromettent de la manière la plus grave, *Walch* ajoute qu'au moment de cet engagement, *Philippet* était toujours à la tête de la bande : il ne peut dire positivement si ce contre-maître, devenu chef de sédition, avait un fusil, mais il croit qu'il en avait un comme les autres.

Ce récit révélait, Messieurs, des faits qui durent appeler toute la sollicitude de l'autorité, non-seulement parce qu'ils constituaient une attaque coupable contre la force publique, mais encore, et surtout, parce qu'ils présentaient *Philippet* comme ayant été l'un des promoteurs, l'un des instigateurs de ce mouvement. Un contre-maître qui abuse de l'autorité que lui donne son emploi pour dominer les ouvriers placés sous ses ordres et les entraîner dans la révolte; qui les conduit dans un lieu où un inconnu vient leur distribuer des cartouches; qui les

guide enfin jusque sur le lieu du combat, doit nécessairement exciter la plus sérieuse attention des juges
supérieurs qui, dans l'appréciation des faits de sédition,
s'attachent surtout à en rechercher les plus redoutables
instruments.

Philippet opposa aux imputations qui lui étaient
faites les dénégations les plus formelles et les plus ab-
solues.

Il soutint qu'il n'avait pas vu *Walch* dans la journée du
12 mai; et vous savez, Messieurs, comment, pour indiquer l'emploi de cette journée, qu'il n'a pas passée chez
lui, il se représente voyageant des Batignolles à l'exposi-
tion des produits de l'industrie, de là au Père La Chaise,
et du Père La Chaise au passage de l'Opéra, où il est,
dit-il, entré au spectacle des jeunes élèves.

Cependant il a été constaté que *Philippet* était con-
tinuellement livré à des préoccupations politiques; on
le signale même comme recrutant pour les sociétés secrètes. Dans les ateliers, il parlait sans cesse de république et de révolution; il annonçait que bientôt on en
viendrait aux mains. Vous avez entendu la déposition
d'une jeune fille à laquelle il avait proposé de venir soi-
gner les blessés, à laquelle il promettait un bonnet rouge
et une croix, à laquelle enfin il avait montré, le 7 mai,
un drapeau formé des trois couleurs et d'une large bande
noire, en lui disant : *Voilà ce qui nous servira lundi.*

Le nommé *Lebarzic* avait aussi reçu cette dernière
confidence; elle le compromettait : il fut arrêté et interrogé. Il essaya de se justifier, mais ce fut en donnant à
toutes les allégations de *Philippet* un démenti formel.
Philippet niait avoir vu *Walch* le 12 mai; il traitait
de fables imaginées pour le perdre et les discours que
lui prêtait la fille *Delille,* et ce drapeau qu'il lui aurait

montré, et le propos dont cette exhibition aurait été accompagnée. *Lebarzic* reconnut que le 12 mai, vers cinq heures ou cinq heures et demie du soir, il avait rencontré *Philippet* dans le faubourg Saint-Antoine; que les nommés *Walch* et *Dugas* étaient alors avec lui; qu'ils avaient parcouru ensemble une partie du faubourg Saint-Antoine, et que, dans le trajet, *Philippet* lui avait confié, pour qu'il le portât, ce même drapeau que la fille *Delille* déclarait avoir vu quelques jours auparavant.

Walch, à son tour interrogé sur la présence de *Lebarzic* dans le rassemblement, attesta qu'il l'y avait vu; mais il déclara en même temps qu'il n'y avait pas vu *Dugas,* et il soutint que *Lebarzic,* qui accompagnait *Philippet* au moment où lui, *Walch,* l'avait rencontré pour la première fois, était encore avec eux au moment où l'engagement avec la force publique avait eu lieu.

Ainsi, des déclarations réunies de *Walch* et de *Lebarzic,* il résulte d'abord que *Philippet* en impose quand il prétend que le 12 mai il ne les a vus ni l'un ni l'autre. Il en résulte aussi que *Dugas* était avec *Philippet;* et nous verrons bientôt que, s'il le nie, c'est en accordant cependant qu'il a été dans le faubourg Saint-Antoine, qu'on a pu l'y voir, et en cherchant seulement à faire croire que le hasard seul l'avait conduit dans les lieux que parcourait alors *Philippet.*

Un mot d'abord sur les antécédents de *Dugas.*

Ainsi que *Philippet, Dugas* était signalé dans les ateliers de son maître comme affichant des opinions républicaines, et même, au moment de son arrestation, il venait d'être congédié, parce qu'on lui imputait d'embaucher pour les sociétés secrètes. Nous savons que ces faits, établis par la déclaration du sieur *Pihet,* n'ont pas été entièrement confirmés par les déclarations des ouvriers qui ont été entendus comme témoins. Nous n'examinerons pas, Messieurs, quels sentiments de bienveillance peuvent inspirer ces dépositions d'ouvriers interrogés sur leurs rapports avec un camarade; mais les attestations du maître restent, et elles sont appuyées par le fait du congé, qui n'a été certainement donné qu'après une sorte d'enquête dont il était impossible que le résultat fût une erreur, quand elle était faite par le sieur *Pihet,* dans l'intérieur de son atelier et de sa maison.

Telle était donc la situation que s'était faite dans l'instruction chacun des prévenus, et celle qu'il faisait en même temps à ses coaccusés; à l'audience, elle a subi quelque changement.

Walch avouait d'abord une participation complète à l'attentat, et il prétendait que *Philippet* et *Lebarzic* avaient fait constamment partie du rassemblement dans lequel il avait été lui-même entraîné.

Aujourd'hui, il modifie cette déclaration en ce qui concerne *Lebarzic.* Il s'est mis d'accord avec celui-ci, et ne se rappelle plus l'avoir vu que dans le faubourg Saint-Antoine.

Lebarzic convient s'être trouvé un moment dans le faubourg Saint-Antoine et avoir un moment porté le drapeau enveloppé et caché. C'est ce qu'il a toujours affirmé dans ses interrogatoires; mais, qu'il nous soit permis de le dire, par une condescendance pareille à celle que *Walch* lui témoigne à lui-même, il reconnaît à l'audience que, s'il a vu *Dugas* dans le faubourg Saint-Antoine, il ne peut cependant affirmer qu'il fît partie

14

du rassemblement. *Philippet* et *Dugas* continuent à tout nier, et *Philippet* ne peut cependant expliquer par quels motifs *Walch* et *Lebarzic* s'entendraient pour se rendre coupables envers lui de la plus odieuse calomnie. Dans cette position, Messieurs, il faut essayer de contrôler la déclaration de *Walch* sur tous les points où elle reste susceptible de l'être; il faut vérifier si les faits dont il a donné le détail sont appuyés sur des déclarations autres que les siennes.

On sait déjà des circonstances qui semblent indiquer sa participation personnelle à l'attentat : son départ le 12 mai, vers trois heures, sa rentrée tardive, les cartouches vues en sa possession; et, quand on se rappelle quelles sont ses habitudes paisibles, et la timidité de son caractère, on ne peut guère douter qu'il n'ait été entraîné.

Hâtons-nous d'ajouter qu'il a été prouvé par les débats que les détails donnés par *Walch*, sur la station de *Philippet* et de ses premiers compagnons chez un marchand de vin du faubourg Saint-Antoine, sur la distribution des cartouches dans un passage auprès de ce marchand de vin, sur un rassemblement formé au haut de la rue de Charenton, sur l'invasion de la boutique d'un autre marchand de vin, auquel on a demandé des armes, étaient exacts et conformes à la vérité. Les dépositions des sieurs *Bina* et *Mabille*, de la femme *Mabille*, du sieur *Darlot*, de la femme *Dufays*, ont été d'accord avec *Walch* sur tous ces points; et, comme il n'a rien pu deviner, il faut bien qu'il n'ait rien déclaré qu'il n'ait vu.

Que si on examine les faits personnels aux autres accusés, on les verra également se concilier parfaitement avec les déclarations de *Walch*, et démentir au contraire les allégations sur lesquelles ils appuient leur défense.

Ainsi *Philippet*, contre lequel il est déjà prouvé par des témoignages qu'il se tenait prêt pour l'insurrection et pour le combat, prétend que, dans cette journée, il n'a vu ni *Walch* ni *Lebarzic ;* et la déposition du sieur *Lafleur* établit qu'à trois ou quatre heures il était avec *Lebarzic* dans l'atelier, où il ne peut expliquer sa présence d'une manière satisfaisante. Ainsi, encore, *Philippet* ne peut justifier par aucune preuve, par aucun indice, le singulier emploi qu'il donne à cette journée du 12 mai; et, forcé de convenir qu'il n'est rentré chez lui que fort tard, et qu'il a trouvé sa femme en proie à de vives inquiétudes, il reste dans l'impossibilité de signaler aucun motif impérieux qui ait pu déterminer sa longue absence.

De son côté, *Dugas* est aussi rentré fort tard, et il le nie : il prétend qu'il avait regagné son domicile avant la nuit; mais il est prouvé que le soir, à dix heures et demie, il n'était pas encore de retour, et que sa femme, comme celle de *Philippet*, s'inquiétait vivement de son absence.

Ceci est grave : car on n'a pas oublié que *Walch* aussi n'a reparu qu'à onze heures du soir dans le garni où il est logé; de telle sorte que ces trois hommes, signalés par l'accusation comme ayant concouru aux mêmes faits, ne peuvent expliquer qu'ils n'aient reparu qu'à la même heure dans leur domicile, et l'un d'eux oppose même sur ce point une dénégation mensongère à des dépositions formelles.

Enfin *Dugas*, contre son habitude constante, ne s'est pas rendu, le lundi 13 mai, à ses travaux habituels, et, dans les jours qui ont suivi, il a pris la pré-

14.

caution de faire couper la longue barbe qu'il portait.

Si l'on ajoute à ces faits les propos que *Dugas* tenait dans l'atelier, si l'on se rappelle qu'à l'époque où l'ouverture des Chambres était le prétexte de rassemblements tumultueux, il disait : « A quoi bon faire du bruit « tous les jours ! il vaudrait mieux en finir tout d'un « coup, » n'aura-t-on pas la preuve complète de sa coopération à l'attentat ?

L'absence de *Dugas*, le lundi 13 mai, est d'autant plus grave que, ce même jour, une tentative paraît avoir été faite pour détourner de leur travail les 400 ouvriers du sieur *Pihet* et les entraîner dans le désordre.

Quant à *Lebarzic*, des grains de poudre trouvés dans sa poche, et son aveu d'avoir, pendant un temps du moins, fait partie de la bande de *Philippet*, paraissaient élever contre lui des charges graves. Il faut dire cependant que, même dans les premières déclarations de *Walch*, *Lebarzic* a été représenté comme n'ayant joué dans cette bande qu'un rôle passif. Il s'était borné à porter, enveloppé, caché dans un morceau de papier, le drapeau qui lui avait été montré dans l'atelier. Dominé, comme *Walch*, par l'influence de son contre-maître, il se trouve dans une position plus favorable encore, puisqu'il n'a pas, comme lui, fait feu contre la force publique. Si *Lebarzic* a suivi *Philippet*, on n'aperçoit pas du moins qu'il ait pris à l'attentat une part personnelle.

Walch lui-même n'est pas indigne d'indulgence ; car, malgré les faits graves dont il se reconnaît coupable, il a cédé à un empire que, dans les habitudes de sa vie, il est accoutumé à respecter ; et d'ailleurs sa faute a été en partie rachetée par son repentir.

Mais *Philippet,* ce contre-maître qui a entraîné ces deux hommes à sa suite, qui savait depuis longtemps les projets de désordre, et qu'on voit parcourir pendant toute la soirée le faubourg Saint-Antoine et en sortir à la tête d'un nombreux rassemblement; mais *Dugas,* cet ouvrier républicain abonné aux journaux les plus hostiles, qui annonçait l'intention d'en finir, et que tout indique comme ayant cherché encore à exciter le 13 mai les désordres étouffés le 12, nous paraissent convaincus des faits que l'accusation leur imputait. Nous n'hésitons même pas à ranger *Philippet* au nombre de ces hommes dangereux qui, placés à une égale distance entre ceux qui tiennent la tête de l'insurrection et ceux qui en deviennent quelquefois les aveugles instruments, séduisent après avoir été séduits, propagent les plus funestes doctrines, et exercent sur les ouvriers la double influence d'un compagnon et d'un chef.

Ici se termine, Messieurs, la tâche que nous avions à remplir. Il nous paraît démontré que tous les accusés dont nous avons eu l'honneur de vous entretenir, à l'exception d'un seul, le nommé *Lebarzic,* ont pris part aux attentats du 12 mai.

Coupables à des degrés inégaux, ils ont tous cependant encouru des châtiments que votre sagesse saura répartir avec la fermeté qui rassure la société, avec l'esprit de justice qui tient compte à la faiblesse de ses entraînements, à l'inexpérience de ses erreurs. Vous aurez toutefois remarqué que, parmi ces ouvriers qui se sont mis à la suite de la sédition, il n'en est pas qui puissent trouver quelque excuse dans la détresse de leur situation personnelle. Tous, ils travaillaient; tous, ils trouvaient dans une occupation assurée d'honnêtes

moyens d'existence, et ils n'étaient pas de ceux qui pouvaient être impatients de leur position et rêver de
hautes destinées. De quelles aberrations sont-ils donc les
victimes, et quelle terrible responsabilité vient peser
sur ceux qui les arrachent au calme de leur vie pour
les jeter dans les désordres et les périls des factions !

EXPOSÉ
DES FAITS PARTICULIERS
CONCERNANT LES ACCUSÉS

DELSADE, LEMIÈRE, AUSTEN, LONGUET, MARTIN, PIERNÉ, MARESCAL ET GRÉGOIRE;

PAR M. NOUGUIER, AVOCAT GÉNÉRAL.

MESSIEURS LES PAIRS,

La division tracée entre un de nos collègues et nous vous a déjà indiqué la part de l'accusation qui nous était réservée.

Nous venons vous parler, avec les débats, avec les preuves qu'ils ont révélées, d'actes non moins graves. Le premier des faits, dont nous avons à vous entretenir, est relatif à l'accusé *Delsade*.

DELSADE.

Delsade vous est signalé tout d'abord. Il aurait pris, en effet, comme *Barbès*, comme *Roudil*, comme *Guilbert*, part aux premiers actes de l'attentat; il appartenait, dès lors, au premier examen de l'accusation. *Delsade* vous est signalé d'ailleurs sous un autre point de vue : son rôle, dans les débats, a eu son importance et sa singularité; il l'a, en quelque sorte, associé au premier des accusés.

L'accusation, à son égard, voulait se rétrécir, se renfermer dans les faits qui lui sont personnels : voilà que, par un caprice assez rare en matière criminelle,

Delsade prétend tirer parti d'une certaine ressemblance dans l'ensemble de sa personne pour faire naître une confusion entre lui et l'auteur du crime commis à l'attaque du Palais de Justice. C'est pour cela sans doute qu'il est venu à vos débats, — lui qui, le 12 mai, portait une blouse, — avec une redingote noire, courte, boutonnée. Pour lui, c'est là évidemment un rôle d'emprunt : cette part que *Delsade* se prétend faire n'est pas la sienne; mais malheureusement celle qui lui appartient au vrai est encore assez grande pour qu'il n'ait rien à envier à aucun de ses coaccusés.

Delsade aurait pris part au pillage d'armes du magasin des frères *Lepage,* rue Bourg-l'Abbé,— à l'attaque du Palais de Justice , — à l'attaque de la Préfecture ; de là, il se serait mêlé aux diverses phases de la lutte, pour venir terminer sa participation aux actes de la révolte rue du Temple, dans un cabaret qui servait de refuge à un grand nombre d'insurgés.—Telle est la pensée de l'accusation.

Quelles sont ses réponses ? C'est une dénégation complète ; et, au début de son interrogatoire, nous avons cru qu'il s'agissait, pour lui, d'un alibi. Il a cherché, en effet, à donner l'emploi de sa journée, le 12 mai ; il a réussi pour une partie de ce temps, nous ne le contestons pas. Il a dit, et ce fait est loin de l'honorer, qu'il s'était levé à cinq heures du matin, dans un état déjà complet d'ivresse; à cinq heures, il a été boire avec le portier de la maison. Vers deux heures, celui-ci l'a conduit jusque dans la rue Saint-Merry; mais c'est là que les renseignements qu'il a à donner ont cessé. Il ne peut plus dire quel a été l'usage de sa journée depuis deux heures, — moment, comme on le sait, fixé pour la réunion des sectionnaires, — jusqu'au soir, jusqu'au moment de son arrestation.

Eh bien, Messieurs, ce qu'il ne dit pas, ce qu'il ne pouvait dire sans s'accuser lui-même, l'accusation va vous l'apprendre.

Delsade veut en vain profiter de la ressemblance que sa figure et sa barbe lui donnent avec l'accusé principal pour faire diversion. Les témoins ont désigné, comme chef du rassemblement armé, un homme plus grand que celui-ci, ayant une redingote et un chapeau noirs. Ce ne pouvait donc être l'accusé. Mais trois soldats interrogés ont déclaré que, dans leur conviction, si *Delsade* n'était pas l'homme qui commandait et qui avait fait feu sur l'officier, ils croyaient du moins pouvoir dire qu'il n'était pas étranger à l'attaque du Palais de Justice. Ce n'était pas là le rôle qu'il voulait s'attribuer, puisqu'il n'était pas à la tête, mais au centre de l'insurrection. Il était là, non en redingote noire ni en chapeau noir, mais avec sa blouse et sa barbe, qui a prêté à la confusion première que nous venons de signaler dans les dépositions des témoins, mais qui ajoute aussi tant de force aux reconnaissances dont il est l'objet.

Rappelez-vous encore, à cet égard, la déclaration si affirmative du jeune témoin *Marjolin*, déposition si précise et si énergique pour un enfant de cet âge, à l'égard de deux des accusés. Dans l'un des deux, dans *Barbès*, il a vu le chef de la bande ; dans l'autre il a désigné *Delsade*.

Il l'avait déjà signalé dans l'instruction, par sa barbe, par sa blouse ; et puis, lorsqu'on l'a confronté, aux débats, à *Delsade*, il a dit : « Je le reconnais positivement ; « j'affirme que *Delsade* était au centre du rassemble-« ment. »

Ici cependant, Messieurs, nous nous empressons de le dire, il peut y avoir encore, et malgré ces témoi-

15

gnages, doute et hésitation. Les militaires, dont nous venons de rappeler les témoignages, n'affirment pas. *Marjolin*, dont la déposition est si positive, est un enfant de treize ans; il n'a peut-être pas atteint l'âge d'une raison réfléchie pour comprendre toute l'importance de son affirmation. Marchons, marchons donc avec les développements de la révolte, et voyons si les preuves ne vont pas nous arriver plus claires que le jour.

La bande qui a attaqué le Palais de Justice a pris la rue de la Barillerie. Au quai des Orfèvres, elle s'est divisée en deux parties: l'une a pris le quai des Orfèvres, l'autre a été s'adosser contre le quai des Augustins et le quai Saint-Michel, et, de là, a fait feu sur le poste des pompiers et sur les gardes municipaux à cheval qui passaient de l'autre côté.

Peut-on douter que *Delsade* n'ait été l'un des hommes qui ont suivi le quai des Orfèvres pour attaquer la Préfecture de police? *Delsade* n'était pas étranger à la Préfecture de police; il connaissait toutes les localités; il y avait un parent, le sieur *Durand,* qu'il allait souvent visiter; il se trouvait souvent aussi chez les marchands de vin qui sont sur le quai. Aussi, s'il s'est décidé à la révolte, c'est là qu'il tentera l'un de ses coups de main.

En effet, repoussés à l'attaque de la Préfecture, les insurgés se sont dirigés du quai des Orfèvres vers le Pont-Neuf. C'est alors que la femme *Viard* a remarqué de sa boutique un homme ayant un collier de barbe très-noire, un homme vêtu d'une blouse bleue; et qu'elle a reconnu en cet homme le beau-frère de *Durand.*

Lorsque le juge d'instruction a appris que cette femme pouvait donner des renseignements sur ce qui s'était passé, il l'a fait venir. Quelle a été alors sa déclaration? Plus de trois cents détenus sont passés devant elle. Au

moment où passait le détenu *Dorgal,* la femme *Viard*
a dit au juge d'instruction: « Le beau-frère de *Durand,*
« que j'ai vu parmi les insurgés, est celui qui vient de
« passer; je le reconnais parfaitement. » Mais la confrontation n'était pas encore terminée; il fallait entrer dans
l'infirmerie où se trouvaient sept blessés. Le juge d'instruction s'y rend avec la femme *Viard.* A peine y est-
elle entrée, qu'elle s'approche du juge, et lui dit : « Je
« me suis trompée; l'homme que je vous ai désigné, et
« qui, en effet, est brun et a des moustaches noires comme
« *Delsade,* ce n'est pas lui. *Delsade* est celui qui est là
« dans l'infirmerie. » Nous vous demandons maintenant,
Messieurs, si nous pouvons hésiter pour savoir si *Delsade* est allé à l'attaque du Palais de Justice? La vérité
ressort précisément de l'erreur première et de la rétractation spontanée de la femme *Viard.*

Mais suivons la marche des insurgés, se dirigeant,
par le Pont-Neuf, vers les rues Saint-Denis et Saint-
Martin. Un témoin, le sieur *Gomont,* vous a dit que, re-
venant de la campagne, et passant sur ce pont, il s'était
approché d'un homme qui était armé d'un fusil, pour
lui demander ce qui se passait, et que cet homme, en lui
plaçant son fusil sous le menton, lui avait dit : « Toi et
« le grand serrurier, si vous avez le malheur de rester à
« la Préfecture, nous vous dégommerons tous les deux. »

Eh bien! l'homme qui avait tenu ce propos a été
trahi par ce propos même : c'était *Delsade,* qui avait
reconnu dans le témoin un menuisier de la Préfecture.
Delsade a tout nié encore; mais le témoin, qui le connaissait antérieurement, ne l'a-t-il pas reconnu dès le commencement de l'instruction et dans les débats? Et peut-
on douter un instant d'une reconnaissance ainsi faite?

Une circonstance bien remarquable encore se pré-

15.

sente ici. D'après le témoignage que nous vous rappelions à l'instant, les factieux auraient descendu le Pont-Neuf, pris la rue de la Monnaie et cherché à gagner le quartier des halles. L'insurrection devait, en effet, s'y concentrer. — Que fait *Delsade?* — Il suit précisément l'itinéraire que le témoin signale.—Pour l'établir, l'accusation appelle de nouveaux témoins pris précisément dans les rues qui avoisinent ce quartier.

Rue Coquillière, trois individus se présentent chez un marchand de vin; l'un d'eux, armé de trois fusils, prie le garçon de demander à la femme *Champagne*, qui demeure dans la même maison, si elle veut les recevoir en dépôt. Le garçon fait la commission; mais, en même temps, celui qui porte les fusils va parler lui-même à la femme *Champagne*, qui consent à les recevoir. Elle a dit que cet individu était dans un grand désordre, qu'il paraissait très-agité, et qu'il courait dans l'escalier comme un fou.

Quel est cet individu? C'est *Delsade* : le garçon l'a reconnu, la femme *Champagne* l'a reconnu également, et, de leur part, une erreur n'était pas possible. *Delsade* était venu souvent dans le comptoir du premier, et il travaillait, de son état, dans le même atelier que *Champagne*. Il était donc parfaitement connu dans ce double lieu, et cette connaissance antérieure précise, d'une manière sans réplique, l'affirmation des témoins. De sorte qu'en présence de tels témoignages, nous savons quelle a été la conduite de *Delsade* depuis le moment où il a rencontré *Gomont* sur le Pont-Neuf. Là, se place un propos bien grave, qui prouverait, à n'en plus douter cette fois, et par son propre aveu, qu'il a pris part à l'attaque du Palais de Justice: c'est qu'en priant la femme *Champagne* de recevoir les trois fusils, il lui a dit d'être tranquille pour elle, mais que, quant à lui, il venait du Palais de Justice. La femme *Champagne* a répété ce propos à son mari, dès le soir même. Il ne peut donc y avoir maintenant le moindre doute sur la culpabilité de *Delsade*. *Delsade* était au Palais de Justice, *Delsade* était à la Préfecture, *Delsade* était sur le Pont-Neuf, *Delsade* était encore à la rue Coquillière.

Nous devons rappeler ici une charge grave et qui nous a permis de remonter plus loin dans sa participation. Dans ces trois fusils, deux étaient des fusils de chasse doubles : tous deux avaient fait feu ; et, comme il n'y avait eu encore d'engagement qu'au Palais de Justice et qu'à la Préfecture, il était certain que c'était là qu'on s'en était servi. D'un autre côté, l'un de ces fusils appartenait à MM. *Lepage*. Ne résulte-t-il pas de là maintenant que l'accusé *Delsade*, dans les mains duquel cette arme a été saisie, et qui était, nous le savons par lui, à deux heures, rue Saint-Merry, dans un quartier si voisin de la rue Bourg-l'Abbé, ne résulte-t-il pas de là, disons-nous, que *Delsade* était aussi, à trois heures, au pillage d'armes de la maison *Lepage?*

Un dernier mot encore sur ces premiers points : c'est la concordance des témoignages qui l'exige. Il est impossible, en effet, de ne pas être vivement frappé de cette concordance. Ainsi, au Palais de Justice, *Marjolin* signale un homme en blouse bleue ; — quai des Orfèvres, la femme *Viard* a vu un homme en blouse bleue ; — sur le Pont-Neuf, *Gomont* a vu un homme en blouse bleue ; — rue Oblin, on a encore vu un homme en blouse bleue.

Le Palais de Justice a été attaqué entre trois et quatre heures. C'est vers quatre heures qu'il a été vu par la femme *Viard* sur le quai des Orfèvres, par *Go-*

mont sur le Pont-Neuf, et vers quatre heures et demie qu'il s'est trouvé rue Oblin. Ce triple rapprochement du costume, de la marche, des heures, n'est-il pas positif ?

Nous perdons *Delsade* de vue pendant quelque temps ; mais nous le retrouvons dans un fait qui est encore d'une très-grande importance.

Lorsque l'insurrection a été comprimée dans son centre principal, elle a cherché à s'étendre dans le quartier Saint-Martin et dans le quartier du Temple. C'est là que les derniers coups de feu ont été tirés sur un détachement de la ligne parti de la place de Grève, et qui est remonté jusqu'au haut de ce dernier quartier.

Au moment où les soldats arrivèrent, une décharge partit d'un cabaret. Le capitaine, suivi de son détachement, marcha sur ce cabaret.

Il y avait deux issues : plusieurs insurgés se sont échappés par une porte ; quatre autres ont été pris par les soldats. Parmi eux se trouvait *Delsade* ayant les mains noircies par la poudre.

Delsade a fait tous ses efforts pour repousser cette charge accablante ; il a dit qu'aviné dès le matin, il passait par hasard devant ce marchand de vin, mais ne sortait pas de l'intérieur.

La déclaration du capitaine, à cet égard, n'a pas été précise, parce qu'il n'avait vu *Delsade* qu'après son arrestation ; mais deux autres témoins, un surtout, ne lui laissent aucune espérance.

Le premier est celui des soldats qui a arrêté *Delsade*. Il l'a arrêté devant la porte du marchand de vin ; il paraissait en sortir avec d'autres individus. Il venait, suivant l'expression du témoin, *d'en devant le cabaret avec les autres*. Il n'est pas possible de confondre cette position avec celle d'un passant qui se trouverait là par hasard.

Mais une autre déclaration fort grave est celle du soldat *Chennagon*. C'est *Chennagon* qui, voyant son capitaine couché en joue, a tué d'un coup de fusil l'homme qui voulait tirer sur l'officier à bout portant. Au même moment, il a aperçu positivement un homme en blouse, ayant un collier de barbe noire, sortir de l'intérieur du cabaret ; et cet homme, il l'a positivement reconnu en *Delsade*.

Tout se réunit donc pour démontrer que *Delsade* appartient à l'insurrection dès son début ; qu'il a pris part à son premier acte, l'a suivie dans son développement, s'est attaché à elle jusqu'à son terme, s'est mêlé aux hommes qui ont tiré les derniers coups de feu, et n'a cessé sa criminelle participation qu'au moment même où il était arrêté. Et quand nous venons à nous rappeler que l'accusé a été poursuivi lors de l'attentat de juin ; — que ses opinions vont jusqu'à l'exaltation la plus inquiétante ; — que, dans son atelier, on s'en effrayait ; — que son beau-frère lui-même avait été obligé, pour ce motif, de l'expulser de chez lui, nous craindrions vraiment d'aggraver avec trop de rigueur sa situation judiciaire en insistant davantage.

LEMIÈRE. — AUSTEN.

Il est deux accusés dont nous devons maintenant vous entretenir comme ayant pris part à la sédition dans la partie où elle a été la plus opiniâtre et la plus meurtrière : ce sont *Lemière* et *Austen*.

Tous deux, dès le début de l'insurrection, ont quitté le lieu où ils se trouvaient.

Lemière, qui habite la rue Guérin-Boisseau, ayant entendu à trois heures et demie les premiers coups de feu dans la rue Bourg-l'Abbé, est allé se joindre aux insurgés.

Austen, vers trois heures ou trois heures et demie, venait de reporter de l'ouvrage chez le maître qui le fait travailler habituellement. Il était tellement pressé qu'il n'a pas voulu attendre que son compte fût fait, et qu'il s'est contenté de 3 francs, sur le prix de son travail de la semaine : de telle sorte qu'ils apparaissent tous les deux, au premier abord, avec le même caractère; mais leur part réelle a été distincte. A chacun d'eux, la responsabilité personnelle de ses œuvres.

LEMIÈRE.

Lemière est obligé de convenir qu'à trois heures et demie, sans motif aucun, ayant entendu des coups de feu dans la rue Bourg-l'Abbé, il était sorti par curiosité, s'il faut l'en croire, pour savoir ce qui pouvait motiver cette détonation. A peine sorti, il a été englobé dans un rassemblement armé, qui l'a contraint, en le violentant, en le menaçant, à marcher avec les insurgés.

Cette marche aurait été bien longue, car il est parti à trois heures et demie et est rentré le soir entre huit et neuf heures. Pendant ces cinq heures, il a parcouru tout le quartier où s'est trouvée l'émeute; partout l'insurrection l'aurait entraîné dans sa course. Ainsi, il a été vu, armé d'un fusil de munition, rue Bourg-l'Abbé, théâtre du premier crime; rue Sainte-Avoye, rue Saint-Denis et rue Saint-Martin; aux barricades Grenétat et Saint-Magloire : de telle sorte que, partout, il a fait partie de la bande la plus résolue de la révolte.

Lemière prétend qu'on lui a fait violence. Est-ce possible? On comprend la violence de quelques instants et pour un seul acte; mais peut-on la comprendre pendant plusieurs heures consécutives, lorsqu'on voit

Lemière fuyant tous les points où l'insurrection est comprimée, se mêlant à elle partout où elle se relève, et ne s'en séparant que par la force, au moment où elle a été complétement étouffée.

Un fait, que le débat même révèle, justifie, par l'exemple, notre distinction, distinction que le bon sens lui-même indiquait, et qui est si bien dans la nature et dans la réalité des choses.

Tout à l'heure notre collègue vous entretenait des faits qui se sont passés au marché Saint-Jean, et de la part involontaire que le témoin *Bussy* y avait prise. On voit là, en effet, l'homme violenté, l'homme qui appartient un instant à l'émeute par la menace et par la peur, et qui, lorsqu'il en trouve l'occasion, s'échappe en courant. Ainsi, au moment où le poste de l'Hôtel de Ville est enlevé, il est là à son travail; on le prend, on l'arme d'un fusil; il a des insurgés devant et derrière lui; il ne peut pas s'échapper, il marche avec eux. On le mène à la place Saint-Jean; il est témoin, malgré lui, de tout ce qui s'y passe; mais, dès qu'il le peut, dès que les insurgés, aux prises avec le poste, oublient leur complice d'un instant, *Bussy* disparaît. Voilà le fait possible, le fait compréhensible; mais il ne saurait aller plus loin.

Est-ce là la situation de *Lemière?*

Depuis deux heures et demie qu'a commencé le combat jusqu'au moment où il a fui, plus de vingt rues ont été parcourues, et il y a eu vingt combats dans la rue. Alors surtout que ces engagements se sont si souvent rapprochés du coin de sa rue même, dire qu'il n'a pas pu s'échapper, évidemment c'est un mensonge. Un premier fait se présente pour le prouver. *Lemière* sort de chez lui à trois heures et demie. Il revient, un quart d'heure après, armé d'un fusil, et, dès ce mo-

10

ment, il appartient à l'émeute. Va-t-il s'en échapper
quand la porte de son domicile s'ouvre devant lui? A
ce moment la contrainte a cessé. Il n'en fait rien, cependant. Loin de là, il vient pour donner à la sédition
des recrues. Il demande son camarade *Boisset*, et menace de venir le chercher plus tard s'il ne veut descendre. Il est donc certain que si *Lemière* avait appartenu un moment, par la contrainte, à l'insurrection, il
lui a appartenu réellement quand il a marché volontairement au milieu d'elle, alors que la retraite lui avait
été ouverte.

De la rue Guérin-Boisseau, *Lemière* va dans la rue
Bourg-l'Abbé; qu'y va-t-il faire? Quelques doutes se
sont élevés sur un fait. On avait cru d'abord que c'était
lui qui avait cherché, par la violence, à s'emparer d'un
fusil appartenant à M. *Bienassé*. Nous ne parlons plus
de ce fait; mais un des témoins vous a dit qu'il avait
aperçu *Lemière*, armé d'un fusil de munition, allant
et venant dans la rue, et excitant les autres. A votre
audience, ce témoin a rétracté cette dernière expression; mais, quant à la liberté d'action, il est bien certain que, là, *Lemière* disposait de lui, qu'il était libre,
qu'il allait et venait, et qu'il pouvait abandonner les
insurgés, s'il l'avait voulu.

Plus tard, vous le savez, dans la rue Sainte-Avoye,
on s'est présenté à la porte d'un épicier, et, à l'aide
d'une hache de sapeur comme à coups de crosse de fusils, on a voulu enfoncer sa boutique pour avoir de la
poudre et des armes. L'épicier a répondu qu'ayant
passé l'âge de la garde nationale, il n'avait pas de fusil;
qu'il n'avait pas de poudre; que, depuis trois ans, il ne
tenait plus de pétards. Comme *Lemière* insistait, en
disant qu'il avait autrefois acheté des pétards chez lui,

le témoin voyant l'exaltation de *Lemière*, lui dit : « Venez dans ma boutique, et cherchez. » *Lemière* suit le témoin dans l'intérieur de sa boutique ; une recherche très-courte, il est vrai, a lieu ; mais si, à cet instant, les jours du témoin n'ont pas été menacés, il n'en est pas moins vrai que, plus tard, quand *Lemière* est confronté à ce témoin, celui-ci déclare que, dans ce moment, c'était *Lemière* qui montrait, entre tous, le plus d'exaltation.

Enfin (et c'est là un des faits graves), ce qui signale *Lemière* au milieu de l'insurrection, au fort de la lutte, c'est qu'il est certain, par sa déclaration même, qu'il s'est trouvé à la barricade de la rue Grenétat. Certes, il ne peut plus le nier, en présence de ses interrogatoires : il a tout vu, et non-seulement pour la construction de la barricade, non - seulement pour le début de l'attaque et de la défense, mais aussi pour la fin de la sédition. Au moment de la prise de la barricade, il a vu, en effet, tomber sous l'épée du capitaine *Tisserand*, cet homme dont nous parlerons tout à l'heure. Il est donc vrai que *Lemière* était là, qu'il voyait tout ce qui se passait, dans une rue tortueuse, alors que, de loin, voir eût été impossible : c'est donc au pied de la barricade qu'il se trouvait quand l'insurrection y fut comprimée. Mais du moins, à ce moment, alors que les factieux sont en fuite, qu'absorbés par l'instinct de la conservation personnelle, ils ne songent certes pas à retenir ceux qu'ils se sont donnés pour complices, il va se retirer. Non : son obstination est plus opiniâtre. Au lieu de rentrer chez lui, alors qu'il en était si près, il va par la rue aux Ours et la rue Saint-Denis à la barricade élevée au coin de la rue Saint-Magloire. Vous savez qu'un drapeau rouge a été trouvé à cette barricade, que ce drapeau rouge a été enlevé, et qu'il provenait du magasin de nouveautés de M. *Julliard*. Lemière, rentrant chez lui, est porteur d'un fragment de ce drapeau rouge, reconnu par M. *Julliard* comme venant de son magasin. *Lemière* est obligé de reconnaître qu'au moment de la distribution de ces drapeaux il était là encore; qu'il ne s'était pas soumis à une première défaite ; qu'il n'avait pas voulu céder à la force et à la loi, et qu'après avoir quitté la barricade Grenétat, il était venu tenter, avec la révolte, un dernier effort à la barricade Saint-Magloire.

Deux autres circonstances complètent d'une manière si décisive les faits reprochés à *Lemière*, que nous avons presque à regretter notre insistance. D'abord, lorsqu'on s'est rendu à son domicile, on y a saisi une triple preuve matérielle de sa coupable participation : à côté du drapeau rouge, se sont trouvés des balles sur sa cheminée, et, sous son lit, un sabre enlevé à un garde national. D'un autre côté, l'aveu même de l'accusé, l'aveu le plus précis est venu fixer toute chose. Le lendemain, il s'est vanté, devant ses camarades *Boisset* et *Tibi*, des crimes de la veille, de l'ardeur de sa participation, des coups de feu qu'il aurait tirés, des barricades qu'il aurait défendues. Est-il besoin d'insister encore quand l'accusé a tout dit et tout avoué?

Et maintenant nous ne voulons pas vous parler des antécédents de *Lemière*, parce qu'il nous faudrait faire intervenir le jugement de la famille dans ces débats. Vous le savez, Messieurs, par M. le chancelier, son père même n'a pas voulu, lui, ancien militaire, lui qui comprend le devoir, lui qui, comme militaire, sait comment on doit aimer son pays, son père n'a pas voulu descendre dans la prison de son fils! Écartons,

écartons ce souvenir, parce que nous craindrions que cet abandon de la famille ne fût un argument trop sévère contre cet homme; mais du moins les faits si graves de l'accusation doivent peser sur lui tout entiers.

AUSTEN.

Lemière nous a dit ce que c'était que cette barricade de la rue Grenétat qu'il a concouru à défendre, et à laquelle il faut maintenant rattacher un autre accusé. Toutefois il est bien, pour apprécier la part morale que chacun d'eux y a prise, que vous nous permettiez, avant toute chose, d'en dire quelques mots.

Cette barricade avait été établie sur la rue Saint-Martin, à l'angle de la rue Grenétat. Elle était par suite placée vis-à-vis la rue Royale, le Conservatoire des arts et métiers, et vis-à-vis aussi, en faisant un léger coude à gauche, la mairie du 6e arrondissement. Les insurgés avaient obtenu un de ces triomphes toujours faciles quand on les emporte par surprise : ils avaient surpris les gardes nationaux de service au poste de la mairie du 6e arrondissement. Cependant, nous sommes heureux de le dire, les gardes nationaux eurent le courage de défendre leurs armes, de les conserver, et de se retirer, en bon ordre, dans la seconde cour de la mairie.

Une fois maîtres de ce poste, les insurgés établirent leur barricade. Cette barricade, elle fut promptement élevée; elle fut forte. A l'aide du pillage des meubles de deux ou trois boutiques de marchands de vin, on avait trouvé des moyens faciles et puissants.

Vous savez, Messieurs, qu'après l'attaque de tous les lieux où avait éclaté la rébellion, les insurgés rétrogradèrent du marché Saint-Jean à la mairie du

7e arrondissement; de cette mairie à la 6e, et qu'ils se groupèrent là, derrière la barricade Grenétat, au nombre de deux ou trois cents. Vous savez aussi que *Barbès, Martin Bernard, Nouguès* et *Lemière* en faisaient partie. Vous savez que deux boutiques de marchands de vin, situées tout à côté, avaient été transformées en ambulances; et telle avait été la résolution des rebelles, que, dans ces ambulances improvisées, nous aimons du moins encore à le croire, quarante ou cinquante insurgés furent pansés. Mais ne croyez pas, Messieurs, qu'eux seuls aient compté des blessés et des morts; nous aussi nous avons à déplorer des pertes amères : un tambour de la garde nationale tué, deux gardes municipaux frappés à mort, dix plus ou moins grièvement blessés, attestent l'intensité du crime des accusés.

Parmi les insurgés morts au pied de la barricade (ce sont des faits que nous ne devons pas oublier, pour montrer que c'était là le centre où la convocation devait aboutir), on a relevé le cadavre de *Ferrari*, d'un de ces hommes qui ont acquis une si déplorable célébrité dans nos divers troubles civils, et qui, au marché Saint-Jean, a tiré deux coups de fusil à bout portant sur la troupe. On a relevé aussi le cadavre de *Maréchal*, qui, dans l'ardeur de son prosélytisme criminel, n'avait pas craint de quitter son département, sur une lettre d'un de ses amis, pour participer à l'insurrection qu'ils avaient sans doute concertée ensemble.

Là, Messieurs, alors que tous les courages ou plutôt toutes les obstinations s'étaient réunies, il est un homme qui a encore trouvé le moyen de se faire remarquer entre tous. Et il ne s'est pas seulement distingué par ce qu'il y a de singulier en lui, par sa taille frêle, et cependant par sa force et la souplesse de son corps, par cette longue chevelure qui flotte sur ses épaules; il s'est fait remarquer par sa résolution et par son ardente opiniâtreté. Il était, pour répéter l'expression de l'un des accusés, si courageux entre tous, qu'on en parlait pendant le combat et après le combat. Quand le capitaine *Tisserand* s'avança au pas de course, les tambours battant la charge, avec ordre de ne pas tirer et baïonnette en avant, la peur se fit jour derrière la barricade; mais, derrière aussi, restèrent quelques hommes décidés à tuer ou à mourir. C'est alors que le capitaine *Tisserand,* se comportant comme un brave officier doit le faire, est arrivé le premier près de la barricade. Au moment où, posant le pied sur une table, il s'est élancé pour arriver au sommet, avec qui s'est-il rencontré face à face? Avec celui que signalait et sa longue chevelure et sa fureur. Cet homme a tiré sur le capitaine un coup de fusil à bout portant; mais le capitaine *Tisserand*, préservé par un fait providentiel, l'a frappé de son épée.

Si nous arrivons à la constatation de cet homme, si nous le trouvons parmi les blessés, pouvons-nous douter un seul instant de son rôle? Non; non, sans doute. Eh bien! l'accusation désigne *Austen* avec le capitaine *Tisserand* qui l'a parfaitement reconnu; elle le désigne par le coup d'épée qu'il a reçu, et qui a dû atteindre une côte, car l'épée du capitaine *Tisserand* s'est recourbée sur ce coup. *Austen,* d'ailleurs, ne nie pas qu'il ait été frappé; mais il se rejette dans le rôle d'un homme qui aurait été forcé, et prétend, lui tombé au pied de la barricade, lui blessé de plusieurs coups de baïonnette et d'un coup d'épée sur une côte à gauche, lui sur qui un grand nombre de cartouches ont été trouvées, qu'il était là, par la violence, pour distribuer ces cartouches et pour panser les blessés.

Peut-on attendre de nous que nous répondions à un tel système de défense; que nous cherchions à faire disparaître le vague de ce fait que le défenseur s'est efforcé d'établir, qu'*Austen* n'était pas le premier qu'a frappé le capitaine *Tisserand?* que nous répondions enfin à cette intention, annoncée à l'avance, de mettre en contradiction le témoin *Tisserand* et le témoin *Pelletier,* parce que ce dernier a désigné *Maréchal* comme étant l'homme avec qui s'était engagée la première lutte? Eh! Messieurs, avez-vous besoin de notre concours pour faire disparaître cette contradiction, et pour voir, d'un coup-d'œil, toute cette scène? Ne voyez-vous pas le capitaine *Tisserand,* le pied appuyé sur une table, et n'étant pas encore au sommet de la barricade, frapper *Austen* de son épée, et arriver ensuite à *Maréchal?* Cet acte a dû être rapide comme l'éclair et échapper à ceux-là qui ne sont pas arrivés tout d'abord. Le premier coup a dû être pour *Austen,* sur lequel le capitaine a dû passer pour frapper son second coup, celui qui a atteint *Maréchal.* Voilà la vérité tout entière. Vous en avez été saisis comme nous, nous n'en doutons pas. Il y a parfois, en effet, au milieu des faits judiciaires, de ces choses tellement claires, tellement évidentes, que ce serait douter du juge que de discuter.

Ici, Messieurs les Pairs, permettez-nous de le dire, malgré l'impassibilité de notre mission, nous n'avons pu nous défendre d'un sentiment involontaire d'indignation, quand nous avons réfléchi qu'*Austen* ne nous appartient pas, qu'*Austen* est étranger. Il est venu en France comme sur une terre hospitalière, pour venir chercher du travail qui ne lui a pas manqué; car vous savez, par la déposition écrite de son maître, que c'est lui qui a manqué au travail. Alors cet homme négli-gent, ne trouvant pas par lui-même le moyen de satis-faire, à l'aide d'une occupation légitime, à ses besoins de tous les jours, s'en prend à la pensée de tenter par les armes un nivellement de toutes les fortunes; et voilà que cet homme, avec qui, d'un autre côté, notre constitu-tion politique n'a que faire, qui, s'il la trouve trop pesante pour lui, a la liberté de se retirer au pays qui l'a vu naître, vient prendre le fusil de l'insurgé, s'éta-blir au milieu des révoltés pour jouer avec eux le rôle de réformateur. C'est là un abus bien coupable d'une hospitalité si généreusement exercée.

Longuet. — Martin. — Pierné. — Marescal. — Grégoire.

Nous avons examiné les faits qui se sont succédé dans la journée du 12 mai. Le 13, il est quelques accu-sés que nous rencontrons, et sur lesquels nous devons maintenant appeler votre attention.

Vous savez que le siége de l'insurrection avait cher-ché, ce jour-là, à se déplacer. Paris était encombré de curieux; les rues Saint-Denis et Saint-Martin, en proie à une foule considérable, ne permettaient pas d'y for-mer des rassemblements armés.

Les sectionnaires ont essayé, au milieu de ces rassem-blements inoffensifs quelques désordres; mais leurs essais ont été infructueux. Un quartier voisin était plus libre, c'était le quartier du Temple; et là un de ces hommes qui, la veille, avait vu l'insurrection de la rue Bourg-l'Abbé, réuni à quelques autres qui, comme lui, étaient inspirés par les mauvaises pensées dont on l'avait rendu

17

complice, a cherché à créer un mouvement, à retremper seul, en quelque sorte, l'insurrection. Cette insurrection nouvelle, il faut que nous vous la fassions connaître, en ce qui touche les faits matériels les plus graves, et en bien peu de mots ; car nous sommes arrivés à la partie facile et rapide de notre tâche. Toutefois, veuillez nous écouter quelques instants encore. Nous avons, vous le savez, à faire une part à cinq accusés.

Dans la rue Michel-le-Comte, entre midi et midi et demi, un désarmement fut commis ; vous savez qu'il eut lieu au préjudice de M. *Morize.* Les insurgés, qui du quartier Saint-Martin cherchaient à arriver au Temple, s'emparèrent du fusil de ce garde national qui allait rejoindre sa compagnie.

Ce groupe d'insurgés se rendit alors rue du Temple. Dans cette rue même, près de la Rotonde, entre les n°s 85 et 87, un omnibus fut renversé, quelques meubles furent apportés ; on essaya de former une barricade. Mais les insurgés n'étaient pas en nombre ; ils n'étaient pas armés encore ; il était bien facile à une démonstration de les chasser de ce point. Cette démonstration fut un acte de courage ; le commissaire de police descendit accompagné de son secrétaire et de deux inspecteurs. Il se mêla aux groupes, et, quoique grièvement blessé, il empêcha la consommation de cet acte coupable.

Les insurgés, se repliant, se rejetèrent sur la Rotonde du Temple ; là, ils pillèrent un marchand quincaillier, chez qui l'on prit quelques bois et quelques manches, et un marchand brocanteur : ce dernier avait quelques armes blanches, quelques sabres, quelques fleurets. On s'introduisit, par la force, dans l'intérieur de sa boutique ; on s'empara de tout ce qui pouvait être utile à l'insurrection, puis on se rendit dans les divers quartiers qui avoisinent la rue du Temple, et notamment rue de Poitou. En mettant en joue des gardes nationaux, en violant leur domicile, on parvint à s'emparer de trois nouveaux fusils. Vous savez que les accusés, ainsi armés, furent rejoints par quelques personnes qui, sans doute, surveillaient le progrès de cette nouvelle tentative, et fournissaient des cartouches, de la poudre, des balles. Un engagement avec la force publique commença; des coups de feu furent échangés sur trois points différents; les insurgés, fuyant toujours, se cachant derrière les portes cochères ou derrière une fontaine, celle de l'Échaudé, engagèrent une lutte, heureusement sans résultat, contre la force publique.

Vous le comprenez, Messieurs, ces faits n'ont pas la gravité de ceux que nous avons eu à déplorer le 12. Il faut dire, en effet, qu'en laissant de côté les insurgés qui ont pu être blessés, tués même dans cette action, la force publique n'a eu à déplorer aucune perte; mais il y a là une intention coupable, un acte grave se liant peut-être, par le souvenir du passé, et dans une pensée d'avenir, aux actes qui s'étaient consommés la veille.

LONGUET.

Quel était le chef de cette bande? Ce chef, vous l'avez devant vous; c'est *Longuet.* Vous comprenez tout de suite, Messieurs, que, quand nous nous servons de cette expression, certes nous ne l'entendons pas dans toute son étendue. Il est bien vrai qu'en regardant la marche matérielle de cette insurrection, ce n'était pas une bande organisée; qu'il n'y avait pas là un chef militaire, rien qui pût constituer vraiment un commandement ressemblant à celui que le comité exécutif

17.

s'était attribué : ce fut le privilége, non de l'audace, mais du costume. Les insurgés ne voyaient là, entre eux, qu'un commandement honorifique et l'honneur en fut attribué, moins à l'homme qu'à l'habit, moins à la hardiesse des manières qu'à l'influence de l'éducation.

Mais *Longuet*, précisément parce qu'il appartenait à une position plus aisée, aurait dû mieux comprendre la gravité de l'acte et s'en abstenir davantage. Du reste, son repentir ne s'est pas fait attendre ; sa participation a été avouée par lui presque tout entière ; et, devant vous, ses réticences étaient tellement timides, il les faisait si bas, qu'à travers ces mensonges mêmes il nous a été facile d'entrevoir toute la vérité.

Longuet a fait construire une barricade, en y travaillant lui-même. Plus tard, on a vu un homme, reconnu par le costume et ressemblant à *Longuet,* qui excitait les hommes de sa bande à prendre une perche pour frapper le commissaire de police. Il a concouru au double pillage d'armes chez le marchand quincaillier et chez le brocanteur. Là, il avait déjà reçu cette investiture du commandement ; il est arrivé le premier ; il a demandé, pour être plus vrais, disons : on a demandé en masse, et avec menace, que le marchand brocanteur cédât ses armes. *Longuet* était à la tête du rassemblement ; il était le premier ; il est entré le premier, accompagné de deux autres ; puis, il a distribué les armes dont il s'était emparé, et, par suite de ce commandement improvisé, il a pris une lame de sabre : c'était une arme de luxe. Puis, enfin, lorsque la bande a marché pour aller dévaliser les gardes nationaux de leurs fusils, *Longuet* était encore là.

Nous n'aurions pas eu le courage de persister à qualifier d'attentat cette conduite, toute grave qu'elle est, si elle ne s'était pas aggravée. Indulgents comme nous aimons à l'être toujours, nous aurions vu là un fait de pillage, de rébellion en bande, puisque, dans ces faits, la vie des hommes n'avait pas été engagée. Mais *Longuet* a été plus loin : chargé de fournir des cartouches, il s'en est servi lui-même ; il a amorcé, a chargé des fusils ; notamment il a chargé le fusil d'un de ses coaccusés : de telle sorte qu'il n'a pas reculé devant des actes qui pouvaient mettre en péril la vie de ses concitoyens.

Pour sa défense, *Longuet* a dit qu'il n'avait pas chargé d'armes ; mais ce fait est démenti d'une manière positive par M. *Lemaire*, qui l'a vu remettre à deux insurgés de la poudre, des cartouches et des balles ; par M. *Lemaire*, qui l'a vu chargeant jusqu'au bout le fusil de *Noël Martin*. Ce fait ne peut être douteux après une telle affirmation, alors surtout qu'elle est fortifiée par l'aveu même de *Martin*.

Une dernière observation laisse la participation de *Longuet* sans réplique. *Longuet*, lorsqu'il a été arrêté, avait un peu de poudre aux lèvres, beaucoup de poudre aux mains ; il en est convenu lui-même, en disant qu'en effet il avait eu une cartouche en sa possession. Mais cet aveu n'est pas complet.

Rappelez-vous, Messieurs, la déclaration de ce capitaine de la ligne qui est venu déclarer que les mains de l'accusé étaient noires comme si elles avaient poussé dans le canon la baguette d'un fusil ayant tiré plusieurs coups. Nous avons donc, là, la preuve, la preuve irrécusable, que *Longuet* a pris part à des actes dont la conséquence pouvait devenir fatale à la garde nationale et à l'armée.

L'accusé *Longuet* est donc coupable. Laissons-le

maintenant, Messieurs, avec les souvenirs honorables de sa famille, souvenirs qui ont fait irruption jusque dans cette enceinte; mais laissons-le aussi avec les devoirs que lui imposaient ces honorables souvenirs, et que l'éducation qu'il avait reçue rendait plus impérieux encore.

MARTIN.

A côté de *Longuet,* qui est à peine âgé de 23 ans, vous voyez un accusé plus jeune encore, qui n'a rien dissimulé devant vous, à l'exception de quelques circonstances accessoires, que ses réticences protégent, et que nous voulons bien considérer comme sincères, pour ménager les moments de la Cour. *Noël Martin* se trouvait, le 12 mai, à six heures, dans un lieu où il était difficile de pénétrer dans ce moment, si on n'était pas au nombre des insurgés : le quartier Bourg-l'Abbé. Là *Martin* a été blessé dans une barricade, et poursuivi de près; il a été obligé de se réfugier, rue aux Ours, chez un portier qu'il connaissait, pour échapper aux soldats. Non, Messieurs, ce n'est pas le hasard, ce n'est pas une imprudente curiosité qui l'a amené là; cependant il le dit. Eh bien, concédons-le-lui un instant; vous allez voir que, le lendemain, il s'est rendu coupable de faits tellement graves, que notre concession ne pourrait lui profiter.

Le lendemain, vous le savez, M. *Morize,* grenadier de la garde nationale, traversait la rue Michel-le-Comte : *Martin* se trouve là, accompagné de plusieurs des insurgés; il se jette sur un homme beaucoup plus fort que lui, et, aidé de ses camarades, il finit par le désarmer.

Plus tard, on le voit travaillant à l'érection d'une

barricade; on le retrouve dans le groupe qui attaque, avec violence, M. le commissaire de police *Cabuchet,* et ce fait se présente contre lui avec un haut caractère de gravité qu'il faut vous signaler. *Martin* était le seul homme, dans ce groupe, qui fût armé d'un fusil; le secrétaire du commissaire de police vient au secours du magistrat dont on méconnaît l'autorité et qu'on frappe; *Martin* s'élance sur lui, la baïonnette en avant, et, sans l'énergique dévouement d'un honorable citoyen, sans le courage de M. *Puertas,* un crime de plus aurait été commis. Une lutte corps à corps s'engage entre *Martin* et M. *Puertas :* cette lutte, inutile pour arracher l'arme dont l'accusé était porteur, a du moins servi à préserver les jours du secrétaire du commissaire de police.

Noël Martin a pris part au pillage d'armes commis chez plusieurs gardes nationaux; il a mis en joue l'un de ces citoyens qui refusait de livrer son fusil. En vain, après avoir avoué ce fait dans l'instruction, vient-il dire qu'il a dit cela à la légère, que ce fait n'existe pas. Son premier aveu subsiste, et le signalement donné se rapporte si bien à lui qu'il complète son aveu. Puis enfin, et c'est là, Messieurs, que l'accusation devient grave, *Martin,* il le reconnaît encore, a fait feu sur la garde nationale. Rappelez - vous la déclaration de M. *Bouttevilain,* rappellez-vous les propos tenus à ce citoyen par l'accusé. *Martin* a avoué à M. *Bouttevilain,* qui en dépose, qu'après avoir tiré un premier coup sur la masse, il avait tiré deux autres coups sur lui. Il ajoute qu'il a remarqué l'adresse du sous-officier de la garde nationale. Chacune de vos balles, lui dit-il, m'envoyait comme une poignée de sel à la figure, tandis que mes coups ne faisaient rien.

Qu'on ne dise pas, après de tels faits, qu'il s'agit d'un de ces jeunes gens sur lesquels s'exerce, avec une trop grande facilité, la funeste contagion des mauvais principes et des mauvais exemples. Oui, sans doute, c'est un jeune homme; mais lui, qui la veille s'était trouvé au fort de la lutte, qui avait vu tous les dangers et toutes les conséquences d'un combat engagé au sein de Paris, n'avait-il pas eu tout le temps de la réflexion? Et ne devait-il pas trouver une direction salutaire à ses idées dans le calme d'une nuit?

Cependant, c'est après avoir eu toute la nuit pour réfléchir, c'est après avoir été légèrement blessé, qu'il se présente de nouveau dans l'arène, et qu'il va se mêler aux insurgés sur un autre point de la capitale.

Martin, arrêté, a opposé une vive résistance. Il a voulu frapper le concierge; et, comme il a eu tort de s'en vanter hier en quelque sorte, il a renversé à terre le tambour de la garde nationale qui l'arrêtait.

Il n'a jamais nié avoir tiré trois coups de fusil; il l'a raconté et répété à vingt témoins, comme avec une sorte de plaisir et de complaisance; il a été plus loin, il a prévu la peine qui devait, selon lui, être la conséquence de son crime. Il a dit avec insouciance, et sans se montrer accessible au sentiment de la répression : *J'en serai quitte, au reste, pour cinq ou six ans de travaux forcés.* Aujourd'hui *Noël Martin* nie ce propos; il dit qu'il savait bien *qu'on n'allait pas aux galères pour des crimes politiques.*

Ces paroles sont graves, Messieurs; elles vous font pénétrer le secret des moyens à l'aide desquels les sociétés politiques distillent le venin fatal pour corrompre de jeunes et faciles imaginations.

On leur représente la lutte comme une arène permise; — la révolte, si elle réussit, comme un titre aux honneurs et aux richesses nationales; — et, si elle ne réussit pas, on leur représente la détention comme un martyre, — le sanctuaire d'une cour de justice comme un piédestal, — le jugement comme une ova-tion, — et la peine politique comme un honneur.

Voilà, sans doute, comment la répression a été re-présentée à *Martin*, et comment ce jeune homme de vingt ans s'est laissé entraîner à l'idée d'une lutte qui n'était, pour lui, qu'un moment de vive agitation, après laquelle viendrait peut-être la peine, mais la peine dont l'honneur ne peut s'effrayer.

PIERNÉ.

Martin a été arrêté avec un homme dont la situation était presque identique à la sienne : il est jeune, il a été en-traîné, il a subi, comme lui, l'impulsion des mauvais conseils et des mauvais exemples; mais, comme lui, nous nous empressons de le dire, il a pris une part grave à cet attentat. Cet accusé, c'est l'accusé *Pierné*, qui a été arrêté par un officier de la garde nationale dans la rue Culture-Saint-Gervais. On l'a trouvé porteur d'un fleuret et d'une baïonnette qu'il avait cachée sous sa blouse. Le fleuret appartient à M. *Perdereau;* la baïonnette du fusil a été enlevée au pharmacien, rue de Poitou. De telle sorte que la possession de ces armes sur *Pierné*, armes enlevées sur deux points, au préju-dice de deux personnes et toujours avec violence, dé-pose assez de quelle manière il a pris part à l'insurrec-tion.

Pierné a, un instant, essayé de répondre par des déné-gations et par un alibi à cette assertion. Il a dit qu'il avait

18

trouvé ces armes; qu'au moment où le pillage avait eu lieu il était encore à son travail, qu'il n'avait quitté qu'à deux heures, et que, par conséquent, on ne pouvait pas lui imputer d'avoir pris part au pillage; mais le maître de *Pierné* a été entendu, et il a déposé que *Pierné* avait quitté sa boutique entre neuf et dix heures du matin, et qu'il n'y était pas rentré.

Pierné, comprenant tout ce que cette déposition avait d'embarrassant pour lui, a fini par convenir des actes matériels qui lui étaient reprochés; seulement il a prétendu qu'il y avait été entraîné par la force.

Eh bien! rappelez-vous la déclaration de *Winter,* secrétaire du commissaire de police, qui a été, ainsi que le commissaire de police, l'objet des violences exercées par les insurgés. *Winter,* lors de sa confrontation à l'audience, a dit qu'il reconnaissait bien *Martin;* que, quant à l'autre (*Pierné*), qu'il avait reconnu comme ayant frappé d'un coup de perche M. le commissaire de police, il ne le reconnaissait plus; qu'il lui avait paru avoir les cheveux plus longs.

Le témoin *Perdereau,* qui vous a dit avoir parfaitement remarqué *Pierné* au pillage de sa boutique, comme *l'un des plus exaltés,* tout en le reconnaissant à l'audience, vous a dit aussi qu'il trouvait quelque chose de changé dans sa physionomie; qu'il avait alors les cheveux plus longs. Un autre renseignement est celui donné par *Lemaire :* vous savez quel courage et quel sang-froid il a déployés dans cette circonstance, et avec quelle précision il a donné les détails relatifs à chacun des accusés. *Pierné,* selon lui, était l'un des plus *énergiques* de ceux qui entouraient *Longuet.* Eh bien! M. *Lemaire* a dit qu'il reconnaissait parfaitement *Pierné*, quoiqu'il eût alors des cheveux plus longs.

Savez-vous, Messieurs, les motifs de ces hésitations? C'est que *Pierné* avait en effet les cheveux plus longs. A la Conciergerie ils avaient été coupés à l'aide d'une paire de ciseaux qu'un des détenus avait cachée : il avait cherché ainsi à rendre inutiles les confrontations judiciaires. *Pierné*, après avoir nié cette circonstance, a fini par en convenir. Il a bien fait; car, pour nous, la preuve eût été bien facile, et nous aimons mieux la devoir à son aveu. — C'est bien à lui que cet aveu : que votre indulgence fasse qu'il en profite; mais aussi que votre sentiment judiciaire se souvienne qu'il y a là une preuve de culpabilité, dans le soin pris par l'accusé pour faire disparaître les autres.

MARESCAL.

Marescal, chose bien remarquable, avait un fusil appartenant à un charcutier que l'on a pillé au moment même de l'insurrection. Comment se fait-il que *Marescal*, mêlé fortuitement selon lui, et comme curieux, à la révolte, se soit trouvé armé de ce fusil ?

Il vous a dit que les insurgés l'avaient pris pour un mouchard (c'est son expression); que les insurgés, dans cette pensée, n'avaient pas voulu le perdre un instant de vue; qu'ils l'avaient forcé à prendre un fusil, et que, dès ce moment, il ne s'était plus appartenu.

A notre avis, les insurgés se seraient conduits de la manière la plus étrange. Eh quoi! ils supposent que *Marescal* est attaché à la police, qu'il n'est là que pour épier leurs démarches, que pour les reconnaître et les dénoncer, s'ils viennent à être arrêtés; et cet homme,

18.

ils ne l'expulsent pas ; ils le forcent, au contraire, à les
suivre partout, pour qu'il les reconnaisse plus tard, et le
laissent sous la seule surveillance d'un jeune homme de
dix-neuf ans! C'est là ce qu'on ne pourra croire. Mais, en
ce moment d'ailleurs, l'insurrection, pour lui, ne pouvait
être encore dangereuse. Si *Marescal* était là contre son
gré, rien ne lui était plus facile que de prendre la fuite.
Nous avons vu qu'un commissaire de police et son secrétaire s'étaient échappés des mains des insurgés ; que
M. *Puertas* n'avait même pas craint de les attaquer.
Marescal pouvait, sinon faire comme lui, du moins
s'échapper de leurs mains. Ce n'est pas un enfant de
dix-neuf ans, armé d'un fusil, non chargé peut-être,
qui aurait pu l'en empêcher.

Ce n'est pas tout : *Marescal,* non content de voir
piller les armes blanches du sieur *Perdereau,* auquel
personnellement il demande un fusil (c'est un fait constaté par M. *Perdereau* lui-même), a assisté au désarmement du sieur *Desgroux,* garde national. Ce garde
national a remis son fusil, et il donne un signalement
qui se rapporte parfaitement à celui de *Marescal,* signalement vérifié par l'aveu de l'accusé, qui avoue, en
effet, s'en être armé.

L'accusé dit qu'il n'a pris ce fusil que pour le restituer;
qu'il avait dit au garde national qu'il le reconnaîtrait
bien, et que l'arme lui serait rendue. Mais, veuillez le
remarquer, Messieurs, nous n'accusons pas *Marescal*
de vol. C'est ainsi que *Longuet,* en présidant au pillage
de *Perdereau,* disait qu'après l'insurrection on lui ren-
drait tout ce qui lui aurait été pris.

Marescal, muni de ce fusil, l'a chargé, et ce fusil a
fait feu. Il résulte du rapport de l'expert artilleur que
l'arme a tiré. Dans l'instruction, *Marescal* avait nié

d'abord qu'il eût fait feu ; mais, obligé aujourd'hui d'en convenir, il prétend qu'il a tiré en l'air. Cette excuse n'est pas admissible, vraiment. Pourquoi charger une arme pour la tirer en l'air? D'ailleurs, l'expert a constaté que l'arme avait fait feu, non-seulement une fois, mais plusieurs fois. Il l'a jugé à l'encrassement de la cheminée du fusil, et, à cet égard, sa déclaration a été bien précise. Répondant à une interpellation du défenseur, qui voulait que la poudre de chasse pût encrasser plus aisément les armes que la poudre de guerre, il vous a dit que c'était au contraire la poudre de guerre qui, ayant les grains moins fins, laissait plus de traces.

Enfin, *Marescal* avait les lèvres noircies par la poudre ; et c'est en vain qu'il allègue que la chaleur lui aurait noirci les lèvres : les témoins ont été trop précis à cet égard.

Ainsi, *Marescal* a assisté au pillage de la Rotonde du Temple ; il a reçu le fusil de M. *Desgroux*, a chargé ce fusil qu'il a tiré plusieurs fois, et on l'a saisi après qu'il eut fait feu derrière la fontaine de l'Échaudé.

GRÉGOIRE.

A côté de *Marescal* se trouve *Grégoire* dans une situation à peu près identique.

Grégoire, dans la rue des Quatre-Fils, a été renversé par un coup de feu. Vous avez écouté avec attention et avec intérêt la déclaration de cet accusé.

Il fuyait, lui quatrième, à l'approche de la garde nationale et de la garde municipale. Il a longé la rue des Quatre-Fils. La garde nationale est arrivée; elle a tiré quelques coups sur les insurgés. *Grégoire* a été atteint par l'une des balles et est tombé sur le trottoir.

Un fusil était à côté de *Grégoire*. Ce fusil appartenait à M. *Denizot,* boulanger, à qui on venait de le
prendre. Ce fusil a fait feu plusieurs fois, selon le rapport de l'expert. De telle sorte que, s'il était prouvé que
ce fusil s'est trouvé entre les mains de l'homme qui est
tombé sur le trottoir, *Grégoire* serait évidemment celui
qui, armé de ce fusil, s'en serait servi pour l'insurrection.

Grégoire, cependant, soutient qu'il n'a point pris
part à l'émeute; mais il est une déclaration positive qui
dispensera à cet égard de toute réflexion. C'est celle du
capitaine qui commandait la garde nationale au moment où elle a fait feu rue des Quatre-Fils.

M. *Fougère* vous a dit qu'en ce moment il a vu *Grégoire* fuyant avec un fusil. Il l'a aperçu, en effet, un fusil
à la main, fuyant devant la garde nationale, et longeant
le trottoir. Il a ajouté que *Grégoire*, aux coups de feu
de la garde nationale et de la troupe, était tombé, avait
laissé tomber son fusil, et avait cherché à le pousser du
pied pour le faire entrer sous une porte cochère. Il est
vrai que cette déposition est unique, et qu'il n'y en a
pas d'autre sur le même fait qui vienne la corroborer;
mais M. *Fougère,* qui a suivi tous ses mouvements,
qui les a si bien précisés, n'a sans doute pu ni se tromper ni vous tromper.

A côté de ce témoignage se place une seconde déclaration, émanée d'un des gardes municipaux qui accom-
pagnaient M. *Fougère,* et qui a confirmé la dernière
circonstance révélée par ce témoin. Il a dit qu'arrivé
près de *Grégoire,* celui-ci était encore occupé à glisser
sous la porte cochère le fusil de munition qu'il avait
laissé échapper.

Admettez que *Grégoire* ne fût pas au nombre des

insurgés, qu'un hasard bien malheureux l'ait atteint; certainement, *Grégoire*, souffrant de sa blessure, ne se serait pas livré à ce fait. Mais il fallait, pour lui, faire disparaître les traces de sa culpabilité. Il était encore dans son action lorsque le garde municipal est arrivé. Enfin tous les témoins, au nombre de cinq, vous ont dit que *Grégoire* avait les lèvres et les mains noires. Ses mains ont été l'objet d'une contestation. *Grégoire* était un homme de peine, se livrant à des travaux grossiers qui peuvent rendre les mains et calleuses et sales. Mais M. *Fougère* et tous les autres militaires ont dit que, dans leur conviction, le noir remarqué aux lèvres de *Grégoire* était bien le noir de la poudre. *Grégoire* a été blessé un fusil à la main; on l'a vu, après qu'il avait été blessé, le pousser par le pied sous une porte cochère; enfin *Grégoire* avait, sinon les mains, du moins les lèvres noires de poudre. Le doute sur sa culpabilité est donc impossible. Et si l'on vient à penser que *Grégoire* a déjà été poursuivi et arrêté, comme *Delsade*, à l'occasion des troubles de juin, le doute deviendra plus difficile encore.

Il est un dernier fait dont il convient de vous entretenir, parce que la défense y puisera, sans doute, son argument principal. A côté de *Grégoire*, il y avait un homme blessé, et qui, au moment où la force armée est arrivée, rendait le dernier soupir. Il n'y avait cependant qu'un fusil. La défense dira sans doute que ce fusil n'appartenait pas à *Grégoire*, mais au malheureux mort à ses côtés. Mais il y a une réponse qu'hier le débat vous a fait pressentir, et qui ne peut pas être contestée. Cet homme était un ouvrier qui avait l'habitude de se livrer à l'ivrognerie. De notoriété publique dans le quartier, ce jour-là, il était dans un état

complet d'ivresse qui ne lui permettait pas, non-seulement de prendre part à l'insurrection, mais même de
se tenir debout; de telle sorte qu'il s'était couché sur
le trottoir, où il avait dormi du sommeil de l'ivresse.
Ce fait est de notoriété publique, disons-nous; mais un
témoin le précise d'une manière telle qu'il ne peut pas
être révoqué en doute. Ce témoin est le portier de la
maison dans la cour de laquelle le fusil avait été poussé,
et sur le trottoir de laquelle *Grégoire* était gisant. Il a
dit que, cinq minutes avant le coup de feu, une voiture
était entrée dans la cour, et qu'il avait encore, à ce moment, aperçu cet homme dormant toujours. Il est donc
bien vrai de le dire, Messieurs, là il y a eu, à côté d'un
insurgé frappé d'une balle, un homme étranger à l'insurrection et qui a été fatalement atteint. Cet homme,
c'est l'homme ivre; le factieux, c'est celui qui est tombé
à côté de lui, c'est *Grégoire*. Et cependant *Grégoire* et
un autre de ses coaccusés, *Marescal*, tous les deux
pauvres et misérables, tous les deux chargés d'une nombreuse famille, avaient fait, quelque temps auparavant,
un appel à une générosité qu'on n'invoque jamais en
vain, à la générosité royale. Tous deux avaient obtenu
des secours; *Grégoire* notamment, quinze à vingt
jours avant l'attentat, avait reçu un don de 30 francs.
Et c'est après cela que, tous les deux, ils se sont jetés
dans la sédition! Ils ont commencé par être ingrats; ils
ont fini par être criminels.

Vous connaissez, Messieurs les Pairs, l'accusation
tout entière, et cependant il nous paraît utile de jeter,
en terminant, un dernier regard sur son ensemble,
en remontant des hommes que vous avez à juger aux
principes qui les ont fait agir.

A côté des coupables attentats dont les preuves ont

rempli votre audience, il est, en effet, quelque chose de plus effrayant encore : ce sont les doctrines,— doctrines anti-sociales,— au nom desquelles on n'a pas craint de se défendre ici, non sans doute pour tenter une justification sans espoir, mais dans l'espérance qu'elles retentiraient au dehors, et que peut-être elles deviendraient, dans un avenir prochain, la semence de crimes nouveaux.

Qu'un accusé cherche à se débattre contre les charges qui l'accablent; qu'il s'efforce d'établir un alibi, de contester la sincérité des témoins dont la voix s'élève contre lui; c'est le droit de la défense naturelle, c'est un droit éternel et sacré : nier le crime est encore d'ailleurs un hommage que le coupable rend au devoir.

Mais glorifier le crime à l'égal du devoir, choisir le temple même de la justice pour déclarer la guerre aux lois de son pays, pour revendiquer le droit de les détruire, pour méconnaître l'autorité du juge qu'elles ont établi, c'est ce qui ne s'était pas vu avant ces derniers temps. C'est un exemple qui sera recueilli par l'histoire, quand elle voudra caractériser le dernier degré de la dépravation morale dans laquelle l'esprit de sophisme peut entraîner.

Prenez-y garde, Messieurs les Pairs; ce droit de guerre, comme ils le disent,— ce prétendu droit de guerre d'un seul contre tous,— ce droit de révolte pour chaque intelligence contre les décrets de l'intelligence commune, — ce droit incessant de chaque individu de prendre les armes contre son pays, de mettre à mort ses défenseurs, d'incendier ses villes, de piller ses habitants, ce n'est pas seulement le rêve irréfléchi de quelques malheureux dont l'intelligence serait troublée par la présence d'une grande accusation; c'est, nous ne devons

pas nous lasser de le répéter, la doctrine d'une secte
tout entière, doctrine professée dogmatiquement dans
les ténèbres des sociétés secrètes et au grand jour des
publications illégales; doctrine dont on a besoin pour
étouffer, en ceux qu'elle a pervertis, jusqu'à l'effroi légitime de la répression, jusqu'au sentiment du remords.

Eh quoi! il se trouve des hommes, nés au milieu de
nous,—qui ont reçu, dans la patrie commune, le bien-
fait de l'éducation,—qui doivent à nos lois la transmis-
sion de leurs fortunes et de leurs rangs;—ces lois protégent l'exercice de leur industrie, le développement
de leur intelligence;—chaque jour, l'action des magistrats a conservé leur vie, leur opulence, leur tranquillité domestique;—et il sera loisible à tel ou tel de ces
hommes de dire un jour à la société tout entière : Je
te répudie et je veux te détruire, ou je veux te gouverner, et mon droit, c'est ma volonté;—mon droit, c'est
mon ambition; — mon droit, c'est le rêve d'un orgueil
insensé;—mon droit, c'est le délire d'une insatiable
cupidité!

Non! non! il n'en saurait être ainsi : les liens sociaux
doivent avoir pour tous la même puissance et la même
étreinte.

Et vous, Messieurs les Pairs, vous en qui se person-
nifie aujourd'hui le devoir de maintenir ces liens intacts,
et de veiller également à la conservation de toutes les
garanties sur lesquelles repose notre ordre politique
tout entier, vous saurez repousser d'une main ferme le
déchaînement incessant de ces attaques qui, n'espérant
pas en leur force, espèrent du moins dans le mystère
au sein duquel elles se concertent, et dans l'obstination
indomptable avec laquelle elles ne craignent pas, après
chaque défaite, d'organiser un lendemain.

RÉPLIQUE

PRONONCÉE

PAR M. LE PROCUREUR GÉNÉRAL,

A L'AUDIENCE DU LUNDI 8 JUILLET 1839.

MESSIEURS LES PAIRS,

En prenant une seconde fois la parole, notre intention n'est pas de venir au secours de l'accusation, que les attaques de la défense ont laissée dans toute sa force; si nous vous demandons encore quelques minutes d'attention, ce n'est donc pas que nous voulions rentrer dans la discussion des faits imputés aux accusés, et reprendre le développement des charges qui leur sont personnelles; mais c'est un devoir pour nous de protester hautement contre certaines doctrines, de relever quelques expressions échappées aux défenseurs, et de replacer la grande question que vous avez à juger sur son véritable terrain.

Nous l'avions prévu, Messieurs, c'est principalement sur le caractère politique des crimes qui vous sont déférés que la défense a insisté auprès de vous; sans entrer dans l'examen des faits, s'appliquant au contraire, avec habileté, à écarter de vos yeux l'effroyable réalité

19.

des scènes nombreuses de l'attentat, c'est à l'aide d'un mot qu'on a essayé une justification impossible.

« *Barbès* et *Martin Bernard* sont des hommes poli-« tiques; c'est un attentat, c'est un crime politique qu'on « leur impute; le châtiment rigoureux de la loi ne peut « les atteindre. »

Avant d'apprécier en fait la valeur de cette objection, il convient, ce nous semble, de la bien comprendre, et de détruire l'artifice de langage qui en fait la seule force, pour la voir sainement et la juger de même.

Messieurs, nous avions pris le soin d'enlever aux faits de cette accusation le masque trompeur dont on s'efforce de les couvrir; nous avions établi, par des pièces émanées des accusés eux-mêmes, par les actes auxquels ils se sont livrés, que leur but était moins politique qu'anti-social; que le caractère changeant, variable des crimes purement politiques, ne se rencontrait pas dans cette accusation; que les faits odieux dont nous demandons la répression sont de ces crimes infâmes que flétrissent toutes les consciences, que punissent toutes les légis-lations.

On nous répond que le but était politique, que l'in-tention était pure, et que la criminalité s'atténue.

La défense a reculé cependant, il faut le dire, devant la formule qui eût exprimé son système avec le plus d'exactitude et de précision. Ses paroles n'avaient pas de sens, si elles ne voulaient pas dire que l'attentat porte toujours en lui son excuse.

Messieurs, sait-on bien ce que c'est qu'un attentat ? le comprend-on bien, surtout dans les circonstances graves qui constituent les crimes des 12 et 13 mai ?

Il y a deux choses dans un attentat : le but et les actes commis pour arriver à ce but.

Le but, c'est le changement du Gouvernement; les actes, c'est le pillage, c'est la révolte, c'est l'assassinat.

Écartons donc, il le faut, Messieurs, écartons ce mot, en quelque sorte magique, que nous répète incessamment la défense; il importe que chacun sache ce que recèle ce mot mystérieux, ce qui se cache sous cette formule de la loi : cela importe surtout à une époque où la puissance des mots est si grande, qu'elle l'emporte trop souvent sur la réalité des choses.

Des propriétés sont envahies, des magasins pillés, voilà l'attentat; des militaires au poste du devoir et de l'honneur sont égorgés, des gardes nationaux qui marchent au secours de nos institutions attaquées, sont impitoyablement assassinés, voilà l'attentat. Le voilà, Messieurs, dans sa hideuse réalité, le voilà dans sa vérité tout entière.

Où donc est l'excuse pour un tel crime? Et comment comprendre qu'en argumentant en quelque sorte du mot contre la chose, on ait osé faire appel à votre indulgence, en vous montrant le but qu'on poursuivait.

Ce serait là, Messieurs, une preuve nouvelle et déplorable, non-seulement de cette aberration de certains esprits qui les pousse à sacrifier, en toutes circonstances, l'intérêt général à l'intérêt privé, mais encore de cette disposition fatale à légitimer toutes les attaques dirigées contre le pouvoir, contre le Gouvernement, contre la société.

Comment, c'est parce que vous avez voulu détruire le Gouvernement, ruiner les institutions conquises par le pays, qu'il faut vous absoudre de tous vos forfaits? Si vous aviez tué un homme pour lui enlever sa bourse, si vous l'aviez tué par vengeance, même par colère et dans un instant de violence, il n'y aurait pas assez d'anathèmes pour vous frapper!

Eh bien! c'est parce que vos crimes s'aggravent d'un forfait de plus, que vous prétendez vous absoudre? C'est là, Messieurs, une prétention monstrueuse, pour nous servir d'une expression de la défense : le but poursuivi, le renversement du Gouvernement, c'est là déjà un crime capital; il faut bien le dire, c'est assurément le plus grave, car il comprend tous les autres, car seul il les explique; disons mieux, il les a rendus nécessaires. Et cette réflexion, Messieurs, nous l'avions faite en vous parlant de *Barbès*, et en répondant à ces paroles qu'il vous avait adressées : Je ne *suis ni coupable ni capable de l'assassinat de Drouineau.*

Certes, celui qui a prémédité l'attentat, qui a préparé et distribué les munitions, qui a donné le signal du pillage des armes, qui a pris la direction de la bande armée et qui a commandé tant de meurtres et d'assassinats, celui-là ne peut, sans une amère dérision, repousser la responsabilité d'un meurtre isolé que son crime avoué rendait nécessaire.

Nous dirons donc à ces hommes dont nous parlions tout à l'heure, à ces hommes qui font mépris de l'intérêt général et qui permettraient volontiers aux passions individuelles de s'attaquer, selon leurs caprices et à leur gré, aux garanties les plus précieuses de la société, nous leur répéterons que l'attentat c'est le vol, le pillage, l'assassinat; nous leur dirons que la mort de *Drouineau,* c'est l'attentat; que la mort du vieux soldat *Jonas,* que le massacre du marché Saint-Jean, c'est l'attentat!

Barbès et *Martin-Bernard* sont des hommes politiques! qu'importerait, après tout, si ces hommes politiques sont de grands coupables, si, pour réaliser leurs absurdes et odieuses utopies, ils se livrent à des actes que toutes les lois divines et humaines flétrissent au même degré, et qualifient également de crimes!

Est-ce que *Fieschi*, *Pépin*, *Morey*, *Alibaud* ne se disaient pas aussi des hommes politiques? La justice leur a donné, et l'histoire leur donnera, à son tour, le titre de criminels, le seul titre qui leur appartienne!

Vous avez, dites-vous, flétri *Fieschi* : nous le croyons sans peine; mais il faut bien, puisque vous nous y forcez, que nous nous demandions quel est le sentiment qui vous a dicté cette réprobation dont vous parlez, et si c'est comme régicide ou comme révélateur que vous avez condamné cet infâme? nous avons le droit de le demander, en présence de cette pièce que vous avez écrite, à la date de juillet 1835, et qui vous constitue l'adhérent du crime.

Mais il est temps d'aborder de plus près la défense qui, dans l'impuissance de contester les faits établis par l'accusation, s'est efforcée d'en changer le caractère pour leur enlever ce qu'ils ont de plus odieux.

Messieurs, ce n'est pas sans étonnement, nous le dirons même, sans chagrin, que nous avons entendu le jeune défenseur de *Barbès* vous parler de la grandeur d'âme de son client, de son caractère chevaleresque, de ses vertus publiques et privées; vous dire que c'était un homme politique qui s'était peut-être trompé, mais trompé de bonne foi, et, en repoussant l'accusation d'assassinat, vous parler de guerre loyale.

Que de telles choses, en présence de cette accusation avouée par *Barbès*, se disent dans cette enceinte, qu'elles se placent, en quelque sorte, sous la protection du droit de défense, pour se produire librement devant vous; c'est là, Messieurs, ce qui nous afflige, ce qui blesse en nous le sentiment et la dignité du magistrat; et nous avons besoin d'en chercher l'explication dans ces séductions déplorables qu'exerce trop souvent sur de jeunes imaginations, tout ce qui offre une apparence d'audace et de témérité.

Oui, Messieurs, les crimes dont cet homme s'est rendu coupable sont exclusifs des qualités dont on vous parle! Celui qui, dans la vue d'un bouleversement social, prémédite de sang-froid l'attaque à la vie d'autrui, qui égorge ou fait égorger sous ses yeux des hommes qu'il a surpris sans défense par un odieux guet-apens, celui-là est au jugement de tous un assassin!

Qu'est-ce donc que cette maladie de l'intelligence qui étouffe le sentiment moral et fait disparaître, aux yeux de ceux qu'elle enivre, l'énorme distance qui sépare le bien du mal, le crime de la vertu?

Barbès repousse l'imputation d'assassinat, et il se glorifie presque de l'attentat, sans comprendre que le premier de ces crimes est le résultat forcé du second, que celui qui arrête la résolution de l'attentat, accepte, par là même, la nécessité du meurtre.

Comment! il recrute et embrigade des sectaires, il enrôle sous le drapeau de la révolte ce que la lie des civilisations modernes présente de plus impur, il accepte, comme auxiliaire, jusqu'à l'abjection des réclusionnaires libérés, et il viendra, devant vous, parler de guerre loyale et désavouer les assassinats dont il prétendra n'être pas l'auteur personnel!

Non, c'est un droit qu'il n'a pas; il s'en est dépouillé lui-même en se plaçant à la tête de l'attentat dont il avoue, tout à la fois, et la pensée première et l'exécution principale; — non, ceux qu'il a trouvés bons comme auxiliaires, il ne sera pas admis à les repousser après le crime! Non, il ne se lavera point de ces forfaits qu'il a ordonnés, qui se sont accomplis sous ses yeux, pour l'exécution de sa pensée!

Encore une fois, Messieurs, *Barbès* vous l'a dit, sans lui, nous n'aurions pas à déplorer les attentats du 12 mai; sans lui, vingt militaires assassinés vivraient encore; sans lui, soixante autres soldats, qui ne devaient verser leur sang que sur le champ de bataille et sous les balles étrangères, n'auraient pas été mutilés dans nos rues par des mains criminelles! Par quel déplorable égarement cet homme, qui se soulève à la pensée d'un meurtre, ne se sent-il pas écrasé sous le poids du mal qu'il a fait; et comment est-ce le sentiment de l'insuccès et de la défaite, et non celui du repentir et du remords, qui le poursuit et qui l'obsède?

On a dit pour *Barbès*, à cette audience, qu'il avait vu autour de lui la misère et les tortures des ouvriers sans travail, et que, dans l'impuissance de soulager tant d'infortunes, il avait dit : Livrons bataille!

Nous ne répondrons pas que la pensée première du crime était dans l'organisation de la société dont *Barbès* et *Martin Bernard* sont les chefs; que la date qu'on s'efforce de lui donner, est celle de l'exécution et non celle de la résolution qui l'a précédé; nous ne dirons point que le fait même, fût-il vrai, ne serait jamais l'excuse des crimes énormes commis par les accusés; mais nous demanderons au défenseur où il a vu cette situation déplorable qu'il a décrite, nous lui demanderons si, lorsqu'il a parlé de la misère générale et de ces tortures des ouvriers sans travail, il a prétendu faire de l'histoire, ou si l'entraînement de la défense ne l'a pas

20

conduit à nous présenter un roman, un rêve, pour la réalité. Jamais, Messieurs, jamais, peut-être, la sollicitude d'un gouvernement libéral et éclairé n'a donné plus d'occupation aux ouvriers, n'a ouvert plus d'ateliers de travail, n'a fait autant pour cette classe utile, honnête et laborieuse.

Chez une nation où l'industrie étend sans mesure ses développements, et où une concurrence heureuse et libre se dispute, avec effort, toutes les ressources du commerce, il arrive sans doute que toutes les époques ne sont point aussi prospères; et une stagnation momentanée des affaires est d'autant plus pénible que leur activité était plus féconde. Mais demandez à ces ouvriers eux-mêmes, dont vous vous dites le champion et l'ami, s'ils placent alors leur espoir dans le tumulte et les entreprises des factions : ils savent bien ce qu'il faut attendre de vos coupables promesses, et leur prudence, comme leur probité, se révolte à la pensée de poursuivre par les voies sanglantes que vous ouvrez devant eux une œuvre de rapine et de spoliation.

Nous avons dit, Messieurs, que nous ne reviendrions point sur le développement des charges de l'accusation, donc nous nous abstiendrons de cette discussion inutile, précisément pour rester fidèle à la pensée de notre premier réquisitoire. C'est qu'en effet, à l'égard de *Barbès*, l'accusation principale est l'accusation d'attentat, et que la défense a déserté ce terrain; mais nous éprouvons le besoin de vous dire que notre conviction sur l'assassinat est entière, qu'elle est le résultat de l'étude approfondie de la procédure, et de l'examen consciencieux de ces débats. Nous avons, devant vous, analysé tous les témoignages; nous les avons comptés, nous les avons pesés, nous en avons fait sortir la preuve invincible que *Barbès* était le chef de cette bande qui a assailli le poste du Palais de Justice, qu'il a personnellement adressé à l'officier la sommation menaçante de rendre ses armes, qu'il a ordonné le feu, qu'il a tiré sur *Drouineau*; qu'il est responsable, comme auteur et comme complice à la fois, de tout le sang qui a été versé.

On nous oppose, comme une réfutation nouvelle, un procès-verbal que nous avons nous-même communiqué à la défense, et qu'elle doit supposer, ainsi, que nous connaissons.

On argumente des deux blessures qu'a reçues *Drouineau,* sans comprendre que c'est précisément là ce qui explique et ce qui concilie l'ensemble imposant des dépositions recueillies par l'instruction, et les témoignages reçus, à cette audience, sur la demande de l'accusé.

On incidente sur la direction des blessures, comme s'il était possible aujourd'hui de préciser, avec exactitude, la position respective de l'assassin et de la victime, et comme si toutes les suppositions qu'on essaye à votre audience ne s'évanouissaient pas devant les témoignages précis et concordants que vous avez entendus.

Nous ne reviendrons donc point sur cette discussion : qu'il nous suffise de vous avoir témoigné, de nouveau, de notre profonde et intime conviction.

Mais il est impossible que nous passions sous silence le ton dédaigneux et, en quelque sorte, méprisant, avec lequel on vous a présenté la défense de *Martin Bernard.* On nous demande où sont nos preuves, comme si elles n'étaient pas écrites de la main même de l'accusé!

20.

Quelques mots suffiront pour résumer à cet égard la grave accusation qui le concerne :

Et d'abord *Barbès* vous l'a dit : C'est la *Société des Saisons* qui a exécuté l'attentat; ce sont les chefs de cette société qui en avaient seuls arrêté la résolution, qui ont convoqué les sectionnaires, qui leur ont donné le signal du combat, qui les ont dirigés dans toutes les attaques.

Maintenant, *Martin Bernard* n'était-il pas l'un des chefs de cette société? Il faut bien le dire, ni lui ni son défenseur n'ont essayé de le nier.

Mais nous, Messieurs, nous sommes en droit de l'affirmer, non pas seulement parce que *Nouguès,* son ami, nous le déclare, mais parce que *Martin Bernard* l'a écrit de sa main. Et ici, il faut bien que nous répondions quelques mots à l'étrange discussion qu'on nous oppose sur la pièce saisie chez *Martin Bernard,* au moment de son arrestation, le 21 juin.

Nous ne relirons point, Messieurs, ce formulaire manuscrit pour la réception des sectionnaires : vous y avez trouvé, comme nous, la preuve de cette vérité, que *Martin Bernard* était le chef spécialement chargé du recrutement des sectionnaires. Nous ne répondrons pas davantage, car nous ne pourrions le faire sérieusement, à cette supposition de la défense, que *Martin Bernard* a sans doute copié ce formulaire dans le rapport de votre commission.

Nous dirons que les modifications que l'accusé a fait subir à ce document sont la preuve positive de sa participation à l'attentat du 12 mai, car elles en présentent l'aveu formel :

« *Peut-être sommes-nous destinés à succomber en-*

core une fois, et à aller rejoindre, dans la tombe ou dans les cachots de Philippe, les martyrs du 12 mai.»

On nous dit : Ce serait la preuve d'un complot. Oui, sans doute, c'est la preuve d'une nouvelle résolution d'agir, du complot d'un nouvel attentat; mais c'est en même temps l'aveu positif du crime commis, de l'attentat du 12 mai !

Cependant, Messieurs, est-ce que cet aveu de l'accusé est la seule preuve que nous ayons invoquée contre lui? Est-ce que nous n'avons pas montré son nom sur la proclamation de la révolte, à côté des noms de *Barbès* et de *Blanqui?* Est-ce qu'il n'est pas désigné aux sectionnaires comme l'un des chefs qui doivent les mener au combat et à la victoire?

D'un autre côté, n'avons-nous pas prouvé la sincérité complète de *Nouguès ?* et la rétractation même, essayée à votre audience par cet accusé, ne donne-t-elle pas encore plus de poids et d'autorité à ses paroles ? Il faut donc le reconnaître, *Martin Bernard* est convaincu judiciairement de cette culpabilité qu'il n'a pas même osé nier, nous le répétons, ni dans l'instruction, ni à l'audience.

Que vous dirons-nous, Messieurs, de ces considérations générales sur l'état actuel de la société, par lesquelles on cherche, à l'attentat du 12 mai, des excuses qui ne manqueraient à aucun de ceux que de nouvelles témérités pourraient entreprendre? Voyez, nous dit-on, ce vague qui règne dans les idées, ce conflit d'ambitions inquiètes, ce sentiment de malaise qui fait naître l'impatience du présent et le besoin d'un avenir inconnu. A-t-on le droit de se montrer sévère pour ceux dont l'ardeur impétueuse ne peut supporter cette souffrance morale, et qui s'élancent, pour s'en affranchir, dans la révolte et dans la sédition?

Nous ne nions pas, Messieurs, cette maladie de notre époque; mais il faut la définir et la comprendre. Oui, sans doute, le spectacle de tant de révolutions successives, amenées par le cours du temps, le hasard des événements, et le lent travail d'une réorganisation sociale, a diminué l'autorité des pouvoirs légitimes, et exalté les passions que, dans toute société, leur mission est de contenir. Mais, quand un gouvernement de perfectionnement et de progrès a été institué, quand les pouvoirs dont il est formé se renferment, avec scrupule, dans la mesure de leur action légale, quand il ouvre les plus larges voies à toutes les ambitions honnêtes, faut-il donc qu'il reste désarmé contre les attaques violentes de ceux qui se placent en dehors de toutes les lois? Veut-on le mettre officiellement, juridiquement, dans cette condition que toute insurrection ait avec lui le droit de champ clos, et qu'il ne puisse résister que par les armes, dans les embuscades qu'on lui dresse, dans le guet-apens qu'on lui prépare?

La loi du pays, Messieurs, celle qui protége les personnes, les propriétés, les industries, et de par laquelle nous vivons entre nous comme citoyens et non comme ennemis, voit-elle s'anéantir sa puissance et son autorité quand elle cesse d'être invoquée par l'intérêt privé, et que l'intérêt social, l'intérêt public viennent en réclamer l'application? Il n'est personne qui ose la nier, qui ose la méconnaître, quand elle protége, contre un seul, la vie d'un seul; contre un seul, la propriété d'un seul : et, parce qu'une secte se produit, qui organise le meurtre pour organiser la spoliation, et qui prélude à un bouleversement complet de la société par une attaque

contre les institutions qui la défendent, on oserait dire
que la loi n'engendre plus ni droit ni devoir, et qu'elle
reste livrée à toutes les entreprises et à toutes les témérités ! Quant à nous, Messieurs, magistrat devant une
cour de justice, c'est la loi que nous invoquons; et ce
serait la désavouer que de ne pas l'appliquer, dans sa
plus grande rigueur, au plus grand des crimes qu'elle
ait pu prévoir.

CONCLUSIONS DÉFINITIVES

DE

M. LE PROCUREUR GÉNÉRAL.

LE PROCUREUR GÉNÉRAL DU ROI PRÈS LA COUR DES PAIRS,

Attendu qu'il résulte de l'instruction et des débats que, les 12 et 13 mai 1839, un attentat a été commis à Paris, ayant pour but : 1° de détruire et de changer le Gouvernement ; 2° d'exciter les citoyens et habitants à s'armer contre l'autorité royale ; 3° d'exciter la guerre civile en armant et en portant les citoyens et habitants à s'armer les uns contre les autres ;

En ce qui touche l'accusé *Lebarzic*,

Attendu qu'il ne paraît pas suffisamment établi que cet accusé se soit rendu coupable de l'attentat ci-dessus spécifié ;

Déclare s'en rapporter, à son égard, à la prudence de la Cour.

En ce qui touche les nommés *Barbès*, *Martin Bernard*, *Nouguès*, *Bonnet*, *Roudil*, *Guilbert*, *Delsade*,

21

Mialon, Austen, Lemière, Walch, Philippet, Dugas, Longuet, Martin, Marescal, Pierné et *Grégoire,*

Attendu que de l'instruction et des débats résulte contre eux la preuve qu'ils se sont rendus coupables d'avoir commis l'attentat ci-dessus spécifié;

Crime prévu par les articles 87, 88 et 91 du Code pénal;

En ce qui concerne *Barbès,*

Attendu que de l'instruction et des débats il résulte la preuve que, dans l'exécution de l'attentat ci-dessus spécifié, il s'est rendu coupable d'un homicide volontaire commis, le 12 mai dernier, avec préméditation, sur la personne du lieutenant *Drouineau;*

En ce qui touche *Mialon,* déjà condamné pour crime,

Attendu que de l'instruction et des débats il résulte la preuve qu'il s'est rendu coupable d'un homicide volontaire commis, le 12 mai dernier, avec préméditation, sur la personne du maréchal des logis *Jonas;*

Lesdits crimes prévus par les articles 295, 296, 297, 298, 302 et 56 du Code pénal;

Requiert qu'il plaise à la Cour faire application aux susnommés, des articles précités, et les condamner aux peines portées par la loi:

Déclarant toutefois, en ce qui touche les nommés *Nouguès, Bonnet, Roudil, Guilbert, Delsade, Austen, Lemière, Walch, Philippet, Dugas, Longuet, Martin, Pierné, Marescal* et *Grégoire,* s'en remettre à la haute sagesse de la Cour, pour faire droit aux réquisitions qui précèdent, et pour tempérer les peines, si la Cour le juge convenable.

Fait à l'audience publique de la Cour des Pairs, le huit juillet mil huit cent trente-neuf.

Le Procureur général du Roi,

Signé FRANCK CARRÉ.

SOMMAIRE.

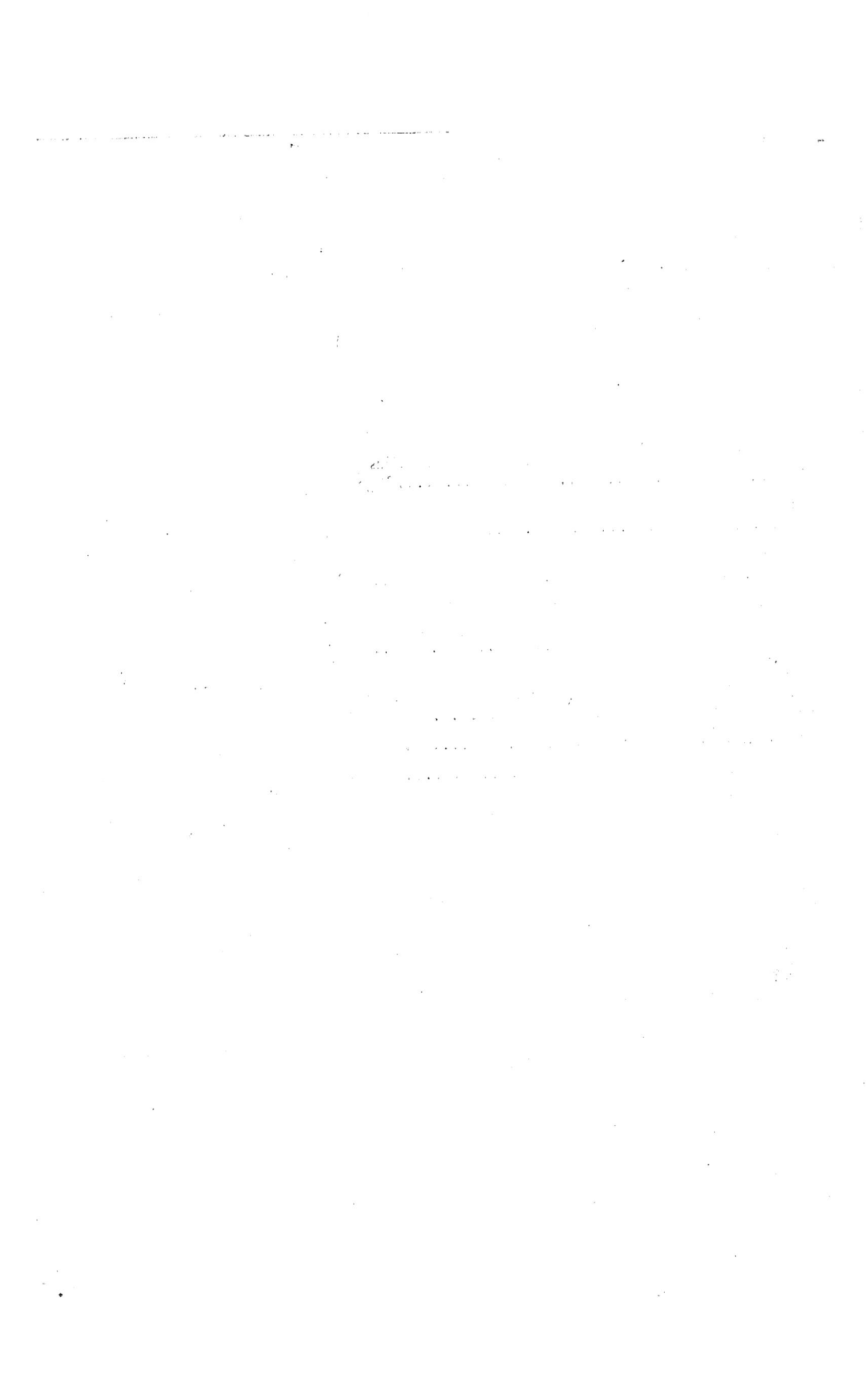

www.ingramcontent.com/pod-product-compliance
Lightning Source LLC
Chambersburg PA
CBHW052357090426

42739CB00011B/2396